zs

© Verlag Zabert Sandmann
München
1. Auflage 2006
ISBN 3-89883-140-X

Rezepte Michael Koch

Texte Oliver Steinbach

Redaktion Julei M. Habisreutinger, Kathrin Ullerich

Fachliche Beratung Martina Solter (Dipl. oec. troph.)

Rezeptfotos Foodphotography Eising/Martina Görlach

Foodstyling Michael Koch

Grafische Gestaltung Barbara Markwitz

Herstellung Karin Mayer, Peter Karg-Cordes

Lithographie Christine Rühmer

Druck und Bindung Mohn Media · Mohndruck GmbH, Gütersloh

Dieses Buch erscheint in Zusammenarbeit mit der Zeitschrift ELTERN.
ELTERN® ist eine eingetragene und geschützte Marke der
Gruner + Jahr AG & CO. KG

Eltern

Mein Baby-Kochbuch

ZABERT SANDMANN

Inhalt

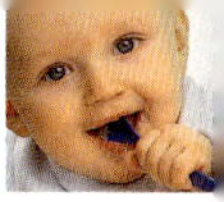

Vorwort

Seinen Hunger zu stillen, das empfindet jedes Baby als etwas rundum Schönes. Schon deshalb, weil es beim Nuckeln seiner Mutter so nah sein kann, wie es überhaupt nur geht – und wenn es das Fläschchen bekommt, auch seinem Vater. Das Beste, was Eltern tun können, ist: ihrem Kind etwas von diesem positiven Gefühl beim Essen zu erhalten, weit über das Kleinkindalter hinaus. Dabei will Ihnen dieses Buch helfen.

Eigentlich gehören Stillen, dem Kind Gemüsebrei zu kochen und gemeinsam Nudeln zu essen zu den natürlichsten Dingen der Welt. Und doch scheinen gutes Essen und Trinken heute nicht mehr selbstverständlich zu sein. Die Gründe dafür sind vielfältig: Ein Wust unterschiedlichster Ernährungsempfehlungen trägt eher zur Verwirrung als zur Aufklärung bei. Die Lebensmittelindustrie setzt Verbraucher unter Druck, indem sie immer neue Produkte anpreist, von denen das eine noch viel gesünder sein soll als das andere. Und nicht selten mangelt es einfach an Zeit oder Ideen, täglich den Speiseplan für Baby und Familie abwechslungsreich zu gestalten.

Unser Buch will Ihnen für die ersten zwei Lebensjahre Ihres Kindes Orientierung bieten. Wer die ersten Kapitel liest, wird feststellen, dass die ausgewogene Ernährung eines kleinen Kindes viel weniger kompliziert ist, als man denkt. Und dass es Spaß macht, gute Produkte einzukaufen, selbst zu kochen und gemeinsam zu genießen. Essen soll ein schönes Erlebnis sein!

Damit Ihnen nicht so schnell die Ideen ausgehen, finden Sie insgesamt über 80 Anregungen – vom ersten Brei, über Snacks und Knabbereien bis zum Mittagessen am Familientisch. Alle Rezepte hat Profikoch Michael Koch entwickelt, der auch als junger Vater über die praktische Erfahrung verfügt, um viele originelle und problemlos nachzukochende Gerichte zu kreieren. Und dass alle Gerichte ausgewogen und gesund sind, dafür sorgte eine Ökotrophologin, die als Expertin stets beratend zur Seite stand.

Wir wünschen allen Lesern viel Spaß bei der Lektüre – und natürlich viel Vergnügen und Erfolg beim Nachkochen!

Oliver Steinbach, Redaktion ELTERN

Der beste Start: gesunde Ernährung

Warum Stillen so wichtig ist und wie Sie mit der richtigen Ernährung den Grundstein für eine gesunde Entwickung Ihres Kindes legen.

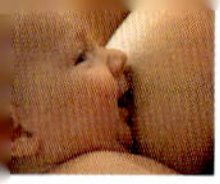

Stillen – das Beste für den Säugling

Gesunde Ernährung beginnt an der Brust, vom ersten Tag an. Beim Nuckeln spürt das Baby nicht nur die Nähe und Wärme seiner Mutter, die für eine liebevolle Bindung so wichtig sind. Mit der Muttermilch saugt ein Kind auch alles auf, was es für seine gesunde Entwicklung braucht. Und für die Mutter ist das Stillen nicht nur unglaublich praktisch, sondern auch die beste Möglichkeit, ihr Kind genau zu beobachten und gut kennen zu lernen.

Zum Stillen des Babys sollte man sich immer genug Zeit nehmen, dann haben alle ihren Spaß.

Muttermilch hat so viele Vorzüge, dass man sich fragt, warum der Mensch sich nicht sein ganzes Leben lang von diesem besonderen »Zaubertrank« ernähren kann. Die Milch, die bis auf seltene Ausnahmen jede Frau nach der Geburt eines Babys produziert, ist eine ideale Mixtur aus allem, was ein Kind braucht, um sich seinem genetischen Potenzial entsprechend optimal zu entwickeln. Kohlenhydrate, Fette, Eiweiß, Mineralien und Vitamine sind in ihrer Zusammensetzung immer perfekt auf die Bedürfnisse des Säuglings abgestimmt. Während der ersten Monate steigt beispielsweise der Energiebedarf eines Babys stetig – der Fettgehalt der Muttermilch wächst entsprechend mit. Und auch innerhalb einer Stillmahlzeit verändert sich die Zusammensetzung der Milch: In den ersten Minuten ist sie dünnflüssiger, damit das Kind seinen Durst stillen kann. Gegen Ende der Mahlzeit steigt der Fettgehalt an – bis das Sättigungsgefühl kommt. Die Muttermilch passt sich sogar dem Gesundheitszustand an. Ist das Kind oder die Mutter krank, werden mit der Milch Abwehrstoffe produziert, die das Immunsystem des Säuglings stärken. Es verwundert also nicht, dass gestillte Kinder seltener unter Infektionen leiden als nicht gestillte. Eine Studie, die Erkrankungshäufigkeit und dadurch entstehende Kosten bei amerikanischen und schottischen Babys erfasst, zeigt: Im Vergleich zu 1000 gestillten Säuglingen kamen auf 1000 nicht gestillte Kinder 2053 Arztbesuche und 212 Krankenhaustage mehr. Wie wertvoll Muttermilch ist, wissen inzwischen die meisten, trotz aller Meldungen von Schadstoffbelastung. Verglichen mit den

Sechziger- und Siebzigerjahren, nutzen heute viel mehr Mütter die Vorzüge des Stillens. Über 90 Prozent der Schwangeren haben vor, ihrem Kind nach der Geburt die Brust zu geben – und machen das dann auch. Leider lässt der Stilleifer oft schnell nach. Bereits vier Wochen nach Verlassen der Klinik bekommt nur noch jedes dritte Baby zu jeder Mahlzeit Muttermilch. Nach drei Monaten wird jedes zweite Kind nicht mehr gestillt, so die Ergebnisse einer großen Studie des Forschungsinstituts für Kinderernährung in Dortmund.

SO GELINGT DER STILLSTART

- Hebammen empfehlen, das Baby anfangs häufig anzulegen, denn regelmäßiges Saugen kurbelt die Milchproduktion an. Bis sich ein regelmäßiger Stillrhythmus eingependelt hat, dauert es etwa vier Wochen. Mutter und Kind sollten sich von niemandem vorschreiben lassen, wie oft und in welchen Abständen gestillt wird.
- Macht sich das Baby bemerkbar, geben Sie ihm eine Brust, bis es sie satt loslässt – das kann anfangs etwa 20 Minuten dauern.
- Lassen Sie das Baby über der Schulter aufstoßen. Danach können Sie wickeln. Beim Trinken wird die Verdauung angeregt, daher ist Wickeln vor dem Stillen nicht sinnvoll.
- Dann darf Ihr Baby an die zweite Brust. Dort wird es vielleicht einschlafen und Sie können es ins Bettchen legen.
- Bis zur nächsten Mahlzeit sollten mindestens zwei Stunden vergehen, in denen Sie viel trinken und sich auch mal ausruhen. Ihr Kind legen Sie dann zuerst an der Brust an, an der es das vorige Mal zuletzt getrunken hat.

Nahrung und Medizin zugleich

Stillen ist aber nicht nur überaus gesund, es dient zugleich auch als eine Art Kommunikation zwischen Mutter und Kind. Allein der innige Hautkontakt mit der Mutter macht Babys stark. Wenn der Säugling an der Brust nuckelt, setzt dies im Körper seiner Mutter größere Mengen von Endorphinen frei, ebenso das »Glückshormon« Oxytocin. Beides erzeugt bei der Mutter ein wohliges Gefühl und das Bedürfnis, sich ganz ihrem Kind zu widmen. Diese Zuwendung stärkt die Bindung zwischen Mutter und Kind. Hirnforscher und Psychologen haben in den vergangenen Jahren immer mehr Belege dafür gefunden, wie dieses früh erworbene Vertrauen in die Welt Kindern hilft, im späteren Leben vielfältige Herausforderungen zu meistern. Der Saugvorgang an sich formt den Babykiefer und fördert die Zungen-, Gaumen- und Gesichtsmuskulatur und damit auch die spätere Sprachentwicklung.

Was die Muttermilch ernährungsphysiologisch so einzigartig macht und durch Fertigmilch gar nicht oder nur teilweise zu ersetzen ist, sind zum Beispiel wertvolle Eiweiße wie Laktoferrin, das bei der Eisenaufnahme hilft, und Lysozyme für die Bakterienabwehr, aber auch andere Stoffe, die das Körperwachstum und die Reifung der Darmschleimhaut des Babys fördern. Auch die Fette mit ihrem

besonders hohen Anteil an langkettigen ungesättigten Fettsäuren (Linol- und Linolensäure) spielen eine besondere Rolle, denn sie sind für die Gehirnentwicklung wichtig und erklären, weshalb Stillkinder bei Intelligenztests oft um bis zu drei IQ-Punkte besser abschneiden als Flaschenkinder. Selbst die Kohlenhydrate setzen sich aus ganz speziellen Zuckerstoffen zusammen, die der Entwicklung des Gehirns und der Infektabwehr dienen und zugleich den Stuhlgang des Babys günstig beeinflussen.

Ein Großteil der von der Muttermilch ausgehenden Schutzfunktionen wirkt im Darm – vom ersten Tropfen Vormilch an. Dieses so genannte Kolostrum ist sowohl Nahrung als auch Medizin, weil es mit einer großen Zahl an Leukozyten und mit Immunglobulin A (IgA) die Magen-Darm-Schleimhaut des Babys regelrecht versiegelt. Nach ein paar Tagen löst die normale Muttermilch das wertvolle, aber nur spärlich fließende Kolostrum ab. Auch sie schützt die noch monatelang anfällige und unreife Darmschleimhaut vor Infektionen.

In dieser Position lässt sich gut lachen: So kann das Baby sein »Bäuerchen« am besten machen. Die geschluckte Luft entweicht langsam nach oben.

Für die spätere Gesundheit des Kindes hat all dies weit reichende Folgen: Nach drei Monaten ausschließlichen Stillens zum Beispiel sinkt das Risiko für chronisch entzündliche Darmerkrankungen wie Morbus Crohn um die Hälfte. Und mehr als dreimonatiges Stillen lässt das Risiko, an der schweren Verdauungs- und Gedeihstörung Zöliakie zu erkranken, um 75 Prozent sinken. Zudem baut die Brusternährung eine Art mechanischer Blockaden gegen Krankheitserreger auf. So bekommen Stillkinder seltener Erkältungen, Bronchitis oder Lungenentzündungen, die allesamt per Tröpfcheninfektion übertragen werden. Denn bei jedem Bäuerchen legt sich die Muttermilch wie ein Schutzfilm über die Schleimhaut von Nase und Rachen.

Im Übrigen profitiert auch die Mutter selbst vom Stillen. Das für die Milchausschüttung verantwortliche Hormon Oxytocin etwa

fördert nicht nur die Mutter-Kind-Bindung, es hilft auch bei der Rückbildung der Gebärmutter und schützt vor unnötigem Blutverlust in den Tagen nach der Geburt. Außerdem haben Statistiken gezeigt: Mütter, die beispielsweise ein Jahr lang stillen, verringern damit ihr Risiko, später an Brust- oder Eierstockkrebs zu erkranken, um etwa fünf Prozent. Das Milchbildungshormon Prolaktin wiederum verhindert, dass die Mutter gleich nach der Geburt ihres Kindes wieder schwanger wird. Aber Vorsicht: Eine hundertprozentige Verhütungsmethode ist das Stillen nicht.

DIE BESTEN STILLPOSITIONEN

Zum Stillen sollten Sie es sich ganz bequem machen, egal in welcher Position Sie stillen möchten. Dabei sollte Ihr Kind die Brustwarze erreichen, ohne seinen Kopf drehen zu müssen.

- **Der Wiegegriff** ist der Klassiker unter den Stillpositionen. Dabei sitzt die Mutter zum Beispiel in einem Sessel und hält ihr Baby so, dass sein Kopf in ihrem Arm liegt. Das Baby liegt auf der Seite, Bauch an Bauch mit der Mutter. Ohr, Schulter und Hüfte des Babys bilden eine Linie. Damit sich das Köpfchen in Höhe der Brustwarze befindet, schiebt man einfach ein Kissen oder Stillkissen unter.
- **Das Stillen im Liegen** ist vor allem nachts sehr praktisch. Die Mutter liegt auf der Seite, die Schulter etwas nach vorn, das Baby liegt ebenfalls auf der Seite. Beide können sich durch (Still-)Kissen oder Bettdecke im Rücken abstützen – eine bequeme, kraftsparende Variante.
- **Der Rückengriff** hilft, wenn die Mutter das Gefühl hat, dass ihre Brust sehr schwer ist. Die Mutter sitzt relativ aufrecht und »klemmt« ihr Baby seitlich unter den Arm, sie kann ihm beim Stillen in die Augen schauen, die Beine zeigen nach hinten. Der Kopf des Babys liegt in der flachen Hand, der Rücken wird vom Unterarm gestützt.

Mit Geduld durch die ersten Tage

Die beste Voraussetzung, dass es mit dem Stillen klappt, ist, wenn die beiden Hauptpersonen entscheiden, wie oft das Baby trinkt. Dazu müssen sich Mutter und Kind in Ruhe kennen lernen. Sie brauchen Muße zum Kuscheln (intensiver Hautkontakt fördert die Ausschüttung des milchbildenden Hormons Prolaktin) und Zeit, sich auf die neue Beziehung einzulassen.

Gerade zu Beginn ist Gelassenheit geboten, selbst wenn es zunächst Probleme mit dem Stillen gibt, denn das Baby hat ausreichend Fettreserven, um sich in Ruhe auf das Leben »draußen« einzustellen. Bis die Milch nach drei, vier oder fünf Tagen richtig fließt, reicht es dem Baby, wenn es von der dickflüssigen Vormilch trinkt, die es in winzigen Mengen aus der Brust nuckelt.

Die Sorge, ob ihre Milch reicht, beschäftigt viele Mütter, gerade am Anfang. Fast jedes Baby verliert nach der Geburt bis zu zehn Prozent an Gewicht. Keine Frau sollte sich einreden lassen, sie hätte zu wenig Milch. Die Brust muss sich schließlich erst darauf einstellen, wie viel das Baby braucht. Nach ein paar Wochen nimmt das Kind dann deutlich zu – und hat sein Gewicht bis zum sechsten

Monat etwa verdoppelt. Ständiges Wiegen ist aber vollkommen unnötig. Wie viel ihr Kind aufs Gramm genau zulegt, müssen die Eltern nicht jeden Tag überprüfen. Das können in den ersten drei Monaten sowohl 120 Gramm pro Woche als auch 170 Gramm sein. Entscheidend ist, dass Gewicht und Körpergröße im richtigen Verhältnis zueinander stehen. Und das überprüft der Kinderarzt bei den jeweiligen Vorsorgeuntersuchungen. Den Kinderarzt um Rat fragen sollten Eltern aber dann, wenn ihr Kind ab der zweiten Woche deutlich abnimmt. Wenn das Baby in 24 Stunden jedoch sechs bis acht nasse Windeln produziert und es in den ersten Wochen mehrmals täglich Stuhlgang hat, seine Haut glatt und rosig ist und es während des Stillens deutlich hörbar schluckt – dann können die Eltern ganz beruhigt davon ausgehen, dass alles vollkommen in Ordnung ist und das Baby genügend Milch zu sich nimmt.

MUTTERMILCH AUF VORRAT

Wieder ausgehen oder arbeiten gehen können stillende Mütter nur, wenn sie einen Milchvorrat anlegen und eine Betreuungsperson damit beauftragen, dem Baby das Fläschchen zu geben.

- Beim Abpumpen von Muttermilch ist das Simultanpumpen empfehlenswert, d. h., während das Kind an einer Brust trinkt, wird die Milch der Gegenseite aufgefangen. Durch den ausgelösten Milchspendereflex, der auf beide Brüste wirkt, fließt auch auf der Pumpenseite die Milch leicht.
- Zum Abpumpen eignen sich Handgeräte wie auch elektrische Pumpen (kann man in der Apotheke mieten). Wenn nicht simultan abgepumpt wird, ist der beste Zeitpunkt fürs Abpumpen eine bis eineinhalb Stunden nach der letzten Stillmahlzeit.
- Muttermilch gehört in den Kühlschrank. Dort hält sie sich ein bis zwei Tage. Oder man friert sie sofort in kleinen luftdichten Plastikdosen oder Gefrierbeuteln ein. In Gefrierfach oder Tiefkühltruhe lässt sich die Milch bis zu sechs Monate aufbewahren.
- Muttermilch sollte schonend, unter kaltem, dann unter warmem Wasser aufgetaut werden, bis sie Körpertemperatur hat (am Handgelenk prüfen). Die Mikrowelle taugt nicht zum Auftauen – die Milch flockt aus und wichtige Inhaltsstoffe werden zerstört.

Was stillende Mütter essen sollten

Stillende Mütter sollten natürlich auch auf ihre eigene Ernährung achten, um ihr Kind optimal versorgen zu können. Ab dem zweiten Monat etwa brauchen sie rund 500 Kalorien mehr pro Tag. Daher gilt für sie noch mehr als für uns alle: möglichst ausgewogen ernähren! Mit viel Obst und Gemüse, Milchprodukten und wichtigen Kohlenhydratlieferanten wie Kartoffeln, Brot, Reis und Vollkornprodukten; am besten zweimal pro Woche Seefisch, wegen seiner mehrfach ungesättigten Fettsäuren; Fleisch und Geflügel mehrmals pro Woche in kleineren Mengen. Und nach Möglichkeit bitte ein bis zwei Liter täglich trinken!

Eine stillende Mutter kann zunächst einmal alles versuchen, was ihr schmeckt. Es gibt keinen Grund, vorsorglich auf das Lieblingsgemüse zu verzichten, weil es eventuell Blähungen beim Baby her-

Stillen kann man in jeder Position – Hauptsache, Mutter und Kind haben es bequem. Und das Baby sollte die Brustwarze erreichen können, ohne den Kopf drehen zu müssen.

vorrufen könnte. Allerdings stehen besonders Kohl, Zwiebeln, Knoblauch und Zitrusfrüchte, aber auch Milch im Verdacht, beim Säugling Beschwerden hervorzurufen. Beobachtungen am Dr. von Haunerschen Kinderspital in München zeigten, dass tatsächlich etwas häufiger Koliken bei Babys auftraten, wenn die Mutter Zwiebeln oder Kohl zu sich genommen hatte. Dafür sind vermutlich Stoffwechselprodukte verantwortlich, die im Körper der Mutter entstehen, zum Beispiel kurzkettige Fettsäuren. Brokkoli und Blumenkohl scheinen den Kindern übrigens nichts auszumachen.

Zitrusfrüchte, beobachten Mütter häufig, können beim Baby einen wunden Po verursachen. Denkbar ist, dass Fruchtsäuren über die Muttermilch in den kindlichen Verdauungstrakt geraten und an den Ausscheidungsorganen Entzündungen hervorrufen.

Knoblauch dagegen, das fanden amerikanische Forscher vor nicht allzu langer Zeit heraus, hat häufig sogar einen positiven Effekt. 24 Stunden, nachdem die Mütter Knoblauch gegessen hatten, zeigten ihre Kinder einen besonderen Appetit auf Muttermilch.

Vermutlich bevorzugen Babys auch Geschmacksstoffe, die sie im Mutterleib über das Fruchtwasser schon kennen gelernt haben.

Ob ihr Baby zu den Kindern gehört, die empfindlich auf Kohl, Hülsen- oder Zitrusfrüchte reagieren, wird eine Mutter bald bemerken. Und dann kann sie das entsprechende Lebensmittel immer noch vom Speiseplan streichen. Mit Kaffee und Alkohol allerdings sollten stillende Mütter äußerst maßvoll umgehen. Von koffeinhaltigen Getränken bitte nur zwei Tassen oder Gläser am Tag trinken, denn Koffein geht in die Muttermilch über, das Baby wird dadurch aufgeregt und sein kleiner Körper benötigt drei Tage, um das Koffein wieder abzubauen. Wein oder Bier sollten stillende Mütter am besten gar nicht konsumieren, denn Alkohol wird vom mütterlichen Körper nicht abgebaut, bevor er in die Muttermilch übergeht. Zusätzlich bremst Alkohol den Milchfluss, entgegen der Annahme, dass so genanntes Ammenbier oder Braunbier die Milchproduktion ankurbelt. Obwohl dieses Bier nur einen geringen Alkoholgehalt hat, sollte es dennoch nur in geringen Maßen genossen werden.

Für Mütter, deren Babys eine erbliche Veranlagung für Allergien haben, kann es unter Umständen sinnvoll sein, auf bestimmte hochallergene Nahrungsmittel zu verzichten. Über Diäten jeglicher Art aber sollte man zuerst mit dem Arzt sprechen.

Stillprobleme lassen sich meistern

Bis auf wenige Ausnahmen kann jede Frau stillen, egal, ob ihr Busen groß oder klein ist, ob die Brustwarzen nach innen schlüpfen oder nach vorn stehen. Die Milchbildung basiert auf einem Wechselspiel von Nervenreizen und Hormonen, das die Brust dazu anhält, immer genau so viel Milch zu produzieren, wie das Baby braucht. Manchmal tauchen unerwartete Probleme beim Stillen auf. Zum Glück findet sich aber für jedes Problem meist auch eine Lösung. Wunde Brustwarzen zum Beispiel kennen fast alle Mütter. Typisch dafür ist ein stechender, brennender Schmerz beim Stillen, meist ist dann die zarte Haut des Vorhofs aufgeweicht oder eingerissen und nässt. Das ist ein Zeichen dafür, dass die Brustwarzen zu stark beansprucht wurden – durch zu langes Nuckeln oder wenn das Baby beim Saugen nicht die ganze Brustwarze in den Mund nimmt. In diesem Fall sollte die Mutter überprüfen, ob ihre Still-

technik stimmt. Am besten ist es, hier die Hebamme oder Stillberaterin zu fragen. Das Baby sollte dann nicht länger als 20 Minuten pro Seite angelegt werden. Man kann die Brustwarzen mithilfe eines so genannten Stillhütchens schonen – und mit besonders weichen Stilleinlagen. Außerdem tut der Brust jetzt viel frische Luft gut. Sehr heilsam ist die Muttermilch selbst: Nach dem Stillen einfach etwas Milch auf der Brustwarze trocknen lassen oder ausgekochte Schwarzteebeutel auf die wunden Stellen legen. Die Gerbstoffe im Tee fördern die Wundheilung. Auch Salbei- oder Calendulasalbe haben sich hierfür bewährt, ebenso wie Johanniskrautöl für die tägliche Pflege. Und zur Vorbeugung sind Salben mit Lanolinzusätzen empfehlenswert.

DAS FÖRDERT DIE MILCHBILDUNG

Um die Milchproduktion anzukurbeln, sollten stillende Mütter viel trinken, hauptsächlich warme Getränke über den ganzen Tag verteilt. Folgende Tee- bzw. Saftrezepturen haben sich bewährt:

- 2 Teile Bockshornklee und jeweils 1 Teil Kümmel, Anis und Fenchel mit heißem Wasser übergießen, zugedeckt einige Minuten ziehen lassen, abseihen und warm trinken.
- Jeweils 1 Teil Hopfen, Melissen- und Holunderblüten, Fenchel, Anis und Kümmel mit heißem Wasser übergießen, zugedeckt einige Minuten ziehen lassen, abseihen und warm trinken.
- 100 g Hafer in 1 l Wasser über Nacht einweichen. In 1 l frischem Wasser 1 Stunde köcheln lassen. Das Wasser abgießen und auffangen, salzen, abkühlen lassen und mit 100 ml Kirschsaft mischen.
- 100 g Gerstengraupen in lauwarmem Wasser über Nacht einweichen. Mit kaltem Wasser bedeckt einkochen. 1 l heißes Wasser langsam dazugießen und 1 Stunde köcheln lassen. Das Wasser abgießen und auffangen, salzen, abkühlen lassen und mit 100 ml rotem Traubensaft mischen.

Manchmal kann es zu einem Milchstau kommen. Das passiert, wenn das Baby weniger Milch trinkt, als von den Brustdrüsen produziert wird, und die Milch sich in den Milchgängen staut. Dann spannt der Busen, ist verhärtet und sehr druckempfindlich. Mögliche Ursachen können genetische Veranlagung, ein schläfriges Kind, das unregelmäßig trinkt, falsche Anlegetechnik, aber auch Verspannungen sein. Vorsicht! Aus dem zunächst harmlosen Milchstau kann sich eine Brustentzündung entwickeln.

Gegen einen Milchstau hilft, die Brüste vor dem Anlegen zu wärmen und nachher zu kühlen. Am besten vorher so heiß duschen, wie es geht. Dabei nach vorn beugen – die Schwerkraft unterstützt den Milchfluss. Nach dem Stillen helfen kalte Quarkumschläge auf der Brust. Sie wirken abschwellend und entzündungshemmend (Speisequark aus dem Kühlschrank in eine Mullwindel einschlagen und direkt auf die schmerzenden Stellen legen). Sollte der Busen nicht ganz leer werden, muss abgepumpt werden, kleinere Restmengen kann man ausstreichen.

Bei einer Brustentzündung spannt der Busen ebenfalls. Er ist zusätzlich gerötet, fühlt sich heiß an und erträgt keinen Druck. Häufig

haben betroffene Frauen außerdem Fieber und Schüttelfrost. Ursache für eine Mastitis sind zumeist Bakterien (Staphylococcus aureus). Damit muss man auf alle Fälle zum Arzt gehen. Er wird vermutlich ein (für das Baby ungefährliches) Antibiotikum verschreiben und der Mutter sagen, wie sie sich weiter verhalten soll.

Will bei einer Mutter der Milchfluss nicht richtig in Gang kommen oder produziert sie nur wenig Milch, ist das häufig auch stressbedingt. Die Mutter hat dann das Gefühl, dass das Baby nicht satt ist, es weint und saugt weiter gierig an der Brust. Oft hilft schon, alles Störende beim Stillen zu reduzieren, zum Beispiel Telefon und Türklingel abzustellen. Oder die Mutter lässt sich entspannende Massagen geben. Zusätzlich sollte sie dafür sorgen, dass sie ihre Brust vor dem Anlegen immer warm hält, denn Kälte hemmt den Milchfluss. Ratsam ist auch, das Kind alle zwei bis drei Stunden anzulegen. Und wenn es sich nicht von selbst meldet, kann die Mutter es eine Zeit lang zur regelmäßigen Stillmahlzeit wecken, um ihren Körper an die richtige Stillmenge zu gewöhnen. Die Milchbildung kann auch durch viel Trinken angekurbelt werden, zum Beispiel durch drei bis vier Tassen warmen Milchbildungstee pro Tag (siehe Kasten links). Hat die Mutter das Baby auf beiden Seiten angelegt, reicht sie ihm ein paar Mahlzeiten lang einfach nochmals die erste Brust. Dadurch wird ebenfalls die Milchbildung gesteigert. Auf jeden Fall sollte sie ihre Nachsorgehebamme um Rat fragen. In der Stillzeit übernimmt übrigens die Krankenkasse diese Leistung.

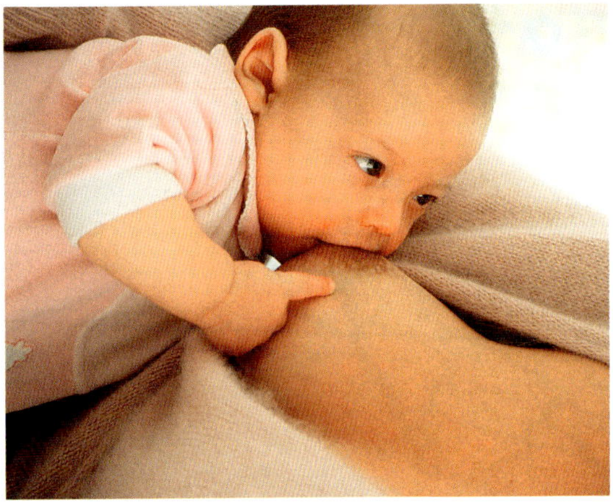

Trinkt die Mutter über den Tag verteilt immer wieder eine Tasse warmen Milchbildungstee, wird sie genügend Milch haben, um ihr Baby zu sättigen.

Eine Mutter mit sehr viel Milch hat nach dem Stillen oft das Gefühl, ihr Baby hätte kaum getrunken, obwohl es den Busen zufrieden loslässt. Sie sollte jetzt auf keinen Fall die restliche Milch abpumpen, sonst produziert ihr Körper immer mehr. Es tut gut, die Brüste mit kalten Kompressen zu kühlen. Auch Salbeitee hilft, die Milchmenge zu reduzieren.

Abschied und Neubeginn

Alles findet naturgemäß mal ein Ende. Aber solange es Mutter und Kind Spaß macht, gibt es keinen Grund, mit dem Stillen aufzuhören. Den idealen Zeitpunkt zum Abstillen gibt es nicht. Er muss ganz individuell gefunden werden. Die Weltgesundheitsorganisation (WHO) und die Nationale Stillkommission raten zwar, ein Baby mindestens sechs Monate lang voll zu stillen und es dann langsam an Gemüse- und Obstbrei zu gewöhnen. Letztendlich muss aber jede Mutter selbst entscheiden, wann sie aufhören möchte. Am besten wählt man für den Übergang vom Stillen zu neuer Nahrung einen Zeitpunkt, zu dem keine anderen größeren Belastungen zu erwarten sind. Wenn das Baby zahnt, krank ist oder gerade geimpft wurde, ist das Stillen für die Entspannung sehr nützlich, denn es vermittelt Trost und Beständigkeit in einer Zeit rascher Entwicklung. Die Frustration des Abstillens wäre jetzt nur schwer zu ertragen.

Wird pro Woche eine Stillmahlzeit durch Beikost ersetzt (bzw. bei Säuglingen bis fünf Monate durch Flaschennahrung), geht die mütterliche Milchproduktion allmählich zurück. Diejenige Brustmahlzeit sollte dann als erste ersetzt werden, bei der das Baby erfahrungsgemäß am wenigsten trinkt oder bei der am wenigsten Milch in den Brüsten ist. Bei den meisten Frauen ist das zwischen 16 und 20 Uhr der Fall. Nicht ratsam ist es, von heute auf morgen mit dem Stillen aufzuhören. Denn beim plötzlichen Abstillen kommt es sehr häufig zu Milchstaus und Brustentzündungen. Und ein rascher Abfall des Prolaktinspiegels kann bei der Mutter zu Depressionen führen. Mütter, die das Abstillen trotzdem innerhalb von wenigen Tagen schaffen wollen, können einen knapp sitzenden BH tragen oder sich ein Tuch fest um die Brust wickeln. Beides behindert die Milchbildung. Außerdem hilft es, die Brust mit Kühlkissen aus der Apotheke zu kühlen und sie regelmäßig zu massieren, damit kein Milchstau entsteht.

WER BEI STILLPROBLEMEN HILFT

- In den ersten zehn Tagen nach der Geburt kommt die Hebamme ins Haus und berät beim Stillen. Wenn es Probleme gibt, auch länger.
- Viele Krankenhäuser haben eine Stillambulanz oder eine Stillberatung, die kostenlos weiterhilft.
- Telefonische Beratung und Hausbesuche machen die Fachfrauen beim Berufsverband Deutscher Laktationsberaterinnen (IBCLC), Tel. 05 11/87 64 98 60, www.bdl-stillen.de
- Die La Leche Liga Deutschland berät ebenfalls telefonisch oder vor Ort: Tel. 0 68 51/25 24, www.lalecheliga.de
- Erfahrungsaustausch und Beratung gibt es bei der Arbeitsgemeinschaft freier Stillgruppen (AFS), Tel. 02 28/3 50 38 71, www.afs-stillen.de

Das Abstillen fällt umso leichter, je mehr sich das Baby langsam daran gewöhnt, auch mal vom Vater versorgt und getröstet zu werden.

Mütter, die auf sanfte Art abstillen möchten, berichten über gute Erfahrungen mit einem homöopathischen Mittel, das Stoffe der Kermesbeere (Phytolacca decandra) enthält. Auch Salbeitee (drei Tassen täglich) hilft, denn er wirkt der Prolaktinausschüttung auf natürliche Weise entgegen. Für eine Tasse Salbeitee einen Teelöffel Salbeiblätter nehmen, mit heißem Wasser übergießen und den Tee zehn bis 15 Minuten ziehen lassen. Die meisten Babys sind irgendwann von selbst an neuer Nahrung interessiert. Geht der Übergang langsam vor sich, vermissen sie die Brust immer weniger.

Und wenn das Baby die Brust partout weiter haben will? Dann sollte die Mutter einfach mit dem Abstillen noch eine Zeit lang warten, falls sie sich vorstellen kann, noch weiterzustillen. Manchmal helfen auch gewisse Tricks, das Kind zu »überlisten«. Zum Beispiel, indem die Mutter ihre Gewohnheiten ändert: Wenn sie immer vor dem Einschlafen im Bett gestillt hat, sollte sie das jetzt nicht mehr tun. Sie kann auch die gewohnte Stillposition ändern. Oder eingespielte Abläufe: Ein Kind, das vor allem nachts noch gestillt werden will, kann in den Nächten beispielsweise nicht mehr von der Mutter, sondern vom Vater getröstet werden.

Von der Milch zum Brei

Muttermilch ist ohne Zweifel das Beste für Babys, aber nicht alle Säuglinge können in den Genuss dieser natürlichen Erstnahrung kommen. Glücklicherweise gibt es eine gute Alternative: industriell hergestellte Babymilch, die in der Zusammensetzung der Muttermilch nachempfunden ist. Auf diese Weise können auch Babys, die gar nicht oder nur kurz gestillt werden, gesund ernährt werden. Irgendwann ab dem fünften oder sechsten Monat findet dann für die meisten Babys die Brei-Premiere statt. Weil mit dem Kind auch sein Bedarf an Energie und Nährstoffen wächst.

Ein Säugling braucht in den ersten vier bis sechs Monaten nichts als Milch. Obwohl Muttermilch die erste Wahl ist, müssen sich Mütter, die nicht stillen können oder wollen, um die Gesundheit ihres Babys keine Sorgen machen. Denn die zweitbeste Lösung ist ebenfalls gut und nahrhaft: Industriell hergestellte Babymilch kommt heute in ihrer Zusammensetzung der Muttermilch recht nahe. Sie liefert dem Baby alle wichtigen Nähr- und Mineralstoffe, die es für seine gesunde Entwicklung benötigt. Manche Mütter meinen, sie könnten ihrem Kind etwas besonders Gutes tun, wenn sie die Säuglingsmilch selbst herstellten. Davon raten die Ernährungsexperten jedoch ab, da die dazu benötigte Tiermilch nicht auf die Bedürfnisse des Säuglings abgestimmt ist.

Auch fertige Säuglingsmilch ist ganz auf die Bedürfnisse des Babys abgestimmt und liefert alle wichtigen Nährstoffe für eine gesunde Entwicklung.

Babymilch besser kaufen als selbst machen

Kuhmilch beispielsweise enthält zu wenig mehrfach ungesättigte Fettsäuren und Spurenelemente. Sie belastet den kleinen Körper mit »falschen« Kohlenhydraten und nierenschädlichen Eiweißmengen. Ernährungswissenschaftler halten auch Ziegen-, Schaf- oder Stutenmilch für nicht empfehlenswert. Ziegenmilch liefert zu wenig Eiweiß und Folsäure und Stutenmilch ist zu fettarm, während in Schafmilch wiederum zu viel Fett steckt. Abgesehen davon, dass diese Milcharten frisch nur recht schwer zu bekommen sind,

können sie Allergien auslösen. Das gilt auch für Ziegenmilch, von der landläufig angenommen wird, dass sie allergievorbeugend wirkt. Mandelmilch scheidet als Alternative zur industriell hergestellten Säuglingsmilch ebenfalls aus. Während reine Mandelmilch nur eine Suspension geriebener Mandeln in Wasser ist, wird bei anderen Rezepturen zusätzlich Getreide eingerührt oder dem Mandelmus Milch und Zucker beigefügt. Der Nährstoffgehalt der Mandelmilch ist zwar mit dem der kommerziellen Säuglingsmilchnahrung vergleichbar, jedoch sollte zur Vorbeugung von Zöliakie (Unverträglichkeit von Gluten, das in Getreide enthalten ist) in den ersten vier Monaten kein glutenhaltiges Getreide gefüttert werden. Daher kann Mandelmilch kein Ersatz zur Fertigmilch sein.

Mittlerweile gibt es viele Alternativen zu Kuhmilch. Sprechen Sie mit Ihrem Kinderarzt darüber, welche für Ihr Baby geeignet sind.

Insgesamt erfordert die Zubereitung von Säuglingsnahrung ein hohes Maß an Sorgfalt und Hygiene, ab der sechsten Lebenswoche sind zusätzliche und wohldosierte Vitamingaben nötig. Auch das Forschungsinstitut für Kinderernährung (FKE) in Dortmund hält deshalb industriell hergestellte Fertigmilch für die beste Alternative zum Stillen. Zwar wird handelsübliche Babymilch auch auf Kuhmilchbasis hergestellt. Doch sie ist stark verdünnt und genau im richtigen Verhältnis mit Eiweiß, Fett, Kasein, Kohlenhydraten und Mineralstoffen angereichert. Man kauft sie in Pulverform und rührt sie nach Rezept mit Wasser an (siehe Seite 27).

Fertigmilch – welche ist die richtige?

Wird das Baby nicht gestillt, welche Art von Fertigmilch soll dann als Erstnahrung gewählt werden? So genannte **Pre-Nahrung** kommt in ihrer Zusammensetzung der Muttermilch am nächsten. Sie enthält als einziges Kohlenhydrat Laktose (Milchzucker). Deshalb ist sie ähnlich dünnflüssig wie Muttermilch und kann ganz nach Bedarf gefüttert werden. In der Regel werden der Pre-Milch noch langkettige, mehrfach ungesättigte Fettsäuren (auf der Packung mit LCP, LC-PUFA, DHA oder AA gekennzeichnet) beige-

mischt, die die Entwicklung des Gehirns, der Sehkraft und des Nervensystems fördern. Das spielt insbesondere bei zu früh geborenen Kindern eine wichtige Rolle. Pre-Milch ist als Ernährung für die ersten vier bis sechs Monate gedacht. Laut Forschungsinstitut für Kinderernährung können Babys damit aber auch das ganze erste Lebensjahr hindurch gefüttert werden. Dies gilt ebenso für die zweite Gruppe der Anfangsnahrung, die mit dem Zusatz »1« gekennzeichnet ist.

Diese **1-Milchnahrung** unterscheidet sich von Pre-Milch nur durch den Zusatz weiterer Kohlenhydrate. In erster Linie handelt es sich um glutenfreie Mais- oder Reisstärke. Dadurch wird die 1-Nahrung sämiger und bleibt länger im Magen-Darm-Trakt. Das bedeutet, sie sättigt das Baby besser – und sollte aus diesem Grund nur nach Plan gefüttert werden. Säuglinge mit großem Hunger sind mit der 1-Milchnahrung meist zufriedener und verlangen auch nachts nicht mehr so häufig nach der Flasche. Das heißt aber nicht, dass sie damit grundsätzlich besser durchschlafen!

So genannte **2-Milchnahrung** ist dagegen erst für Babys ab dem fünften Lebensmonat geeignet. Sie wird deshalb auch als Folgenahrung bezeichnet. Ihre Eiweißstruktur ist der Muttermilch weniger stark angeglichen als die der Anfangsnahrung. Ein weiterer Unterschied besteht darin, dass die 2-Nahrung mehr Nährstoffe und damit auch mehr Kalorien sowie einen gesetzlich vorgeschriebenen Anteil an Eisen und Jod enthält. Notwendig ist eine Umstellung auf diese Milch nicht, betont das Forschungsinstitut für Kinderernährung.

HA-Nahrung ist speziell für Babys entwickelt worden, die auf Grund einer genetischen Vorbelastung allergiegefährdet sind und nicht bzw. nicht voll gestillt werden können. Diese Säuglingsnahrung gibt es nicht nur als Anfangs-, sondern auch als Folgemilch.

WELCHE SÄUGLINGSMILCH IST GEEIGNET?

- **Pre-Milch:** Muttermilchersatz auf der Basis von Kuhmilchproteinen, früher auch adaptierte Milch genannt. Kann ab dem ersten Tag gefüttert werden.
- **1-Milchnahrung:** Wie Pre-Milch, enthält aber neben Laktose Zusätze von weiteren Kohlenhydraten, früher auch teiladaptierte Milch genannt. Kann ab dem ersten Tag gefüttert werden.
- **2-Milchnahrung:** Folgenahrung auf Kuhmilchbasis mit modifizierten Fetten und Vitaminzusätzen. Kann ab dem fünften Monat gefüttert werden.
- **Sojamilch:** Muttermilchersatz auf der Basis von Sojaproteinen für Kinder streng vegetarischer Eltern bzw. bei Laktose-Unverträglichkeit. Ab dem ersten Tag. Zur Prävention bzw. Therapie einer Kuhmilcheiweiß-Allergie nicht empfohlen.
- **Mandelmilch:** Milchartiges Pflanzenprodukt, das wie Reismilch oder andere Getreidemilch tierische Nahrung ab dem ersten Tag ersetzen soll. Wegen unzureichenden Nährstoffgehalts nicht empfohlen.
- **Ziegenmilch:** Gedacht als Alternative zu Kuhmilchprodukten bei Allergierisiko oder bestehender Kuhmilchallergie ab dem ersten Tag. Von der Deutschen Gesellschaft für Kinder- und Jugendheilkunde nicht empfohlen.

Alles rund ums Fläschchen

Bis zu fünfmal am Tag bekommt ein Baby sein Fläschchen. Grund genug, das erste Essgeschirr sorgfältig auszuwählen. Vor dem Kauf stellt sich die grundsätzliche Frage:

Soll die Flasche aus **Glas** oder besser aus **Kunststoff** sein? Preislich liegen beide mit vier bis acht Euro ungefähr auf dem gleichen Niveau. Für die Glasflasche spricht: Sie hält die Milch etwas länger warm und sieht auch nach mehrmaligem Gebrauch noch hübsch aus. Sie setzt außerdem keinerlei Schadstoffe frei. Dafür kann sie leicht zu Bruch gehen. Die Plastikflasche hat den Vorteil, dass sie nicht so schwer ist und nicht kaputt geht. Damit eignet sie sich für Kleinkinder, die ihr Fläschchen viel mit sich herumtragen. Dass Plastik trüb werden kann, ist lediglich ein Schönheitsfehler. Weil geringste Mengen von Chemikalien aus dem Kunststoff in die Nahrung übergehen könnten, sollte man Plastikflaschen nach dem Auskochen besonders gut spülen.

Grundsätzlich gilt: Fläschchen sind kein Schnull ersatz, Dauernuckeln bereitet Karies den Weg. Ki der- und Zahnärzte empfehlen, dem Kind möglich nach 20 Minuten das Fläschchen wegzunehmen.

Für den Sauger stellt sich ebenfalls die Frage: S er aus **Latex** oder **Silikon** sein?

Manche Eltern mögen Kautschuk (Latex), weil ein Naturprodukt ist. Außerdem lässt es sich von Ki dern, die schon Zähnchen haben, nicht durchbeiß wie Silikon. Dafür hat Kautschuk einen eigenen G ruch und kann in sehr seltenen Fällen eine Allerg auslösen. Kautschuk altert schneller und wird una sehnlich. Bei häufigem Gebrauch sollte man Late sauger daher alle vier Wochen austauschen. Das bei Silikon erst nach mehreren Monaten nötig. W die Hygiene angeht, nehmen sich Latex und Silik nichts. Beide lassen sich sehr gut sauber halten.

Das Fläschchen richtig zubereiten

Fläschchen und Sauger müssen vor jedem Gebrau sorgfältig ausgekocht werden (mindestens fünf M nuten ganz im Wasser liegend kochen, dann aussp len und kopfüber trocknen lassen, siehe Step 1).

Vor der Zubereitung des Fläschchens sollte m sich nach der Qualität des **Leitungswassers** erkun gen. Die Stadtwerke können hierüber Auskunft g ben. Ist das Wasser in Altbauten durch Bleirohre r dem giftigen Metall belastet, sollte man die Babyna rung mit Mineralwasser zubereiten. Ebenso, we der Nitratgehalt höher ist als 50 Milligramm pro Lit Wird **Mineralwasser** zum Anrühren der Milch v wendet, muss es natrium- und nitratarm sein u darf weder Uran noch Radium enthalten. Am best

ımmt man stilles Mineralwasser, auf dessen Etikett an den Zusatz findet: »Für die Zubereitung von Säuggsnahrung geeignet«. In Apotheken und Drogerien bt es speziell für Babys aufbereitetes, keimfreies nkwasser, das man nicht mehr abkochen muss. Annsten sollte jedes Wasser vor der Zubereitung der uglingsmilch abgekocht werden.

Nach Möglichkeit sollten Sie Säuglingsmilch nicht f Vorrat zubereiten. Falls dies doch einmal nötig ist, uss das fertige Fläschchen sogleich abgekühlt und den Kühlschrank gestellt werden. Hier hält die ilch maximal 24 Stunden. Da sich in der Wärme hnell Keime bilden, darf die Milchflasche auch nicht ngere Zeit im Fläschchenwärmer stehen bleiben.

Hat das Baby die Flasche nicht ganz ausgetrunken, uss man die **Milchreste** immer wegschütten und für e nächste Mahlzeit eine neue Flasche zubereiten.

Beim Anrühren der Säuglingsmilch sollten Sie die **engenangaben** genau einhalten: Nehmen Sie weder mehr noch weniger Pulver als vorgeschrieben. Streifen Sie den Messlöffel am besten mit einem Messerrücken ab. Lassen Sie frisch abgekochtes Wasser auf etwa 55 °C abkühlen, füllen Sie die Hälfte des Wassers in das Fläschchen und geben Sie das Pulver dazu. Verschließen Sie das Fläschchen und schütteln Sie es, bis sich das Pulver aufgelöst hat, danach geben Sie das restliche Wasser dazu. Flocken oder Saft sollten nicht beigemischt werden, denn das beeinträchtigt die Nährstoffzusammensetzung.

Bevor das Baby gefüttert wird, kontrollieren Sie noch einmal die **Milchtemperatur**, indem Sie etwas Milch auf die Innenseite Ihres Handgelenks träufeln. So können Sie am besten spüren, ob die Milch noch zu heiß für das Baby ist.

Für unterwegs nimmt man am besten abgekochtes Wasser in der Thermosflasche mit. Das portionierte Pulver sollte in der sterilisierten Babyflasche getrennt aufbewahrt und erst bei Bedarf angerührt werden.

Fläschchen und Sauger in asser 5 Minuten auskochen, ülen und auf einem sauberen ch kopfüber trocknen lassen.

2. Das Milchpulver abmessen, mit einem Messer glatt streichen und mit frisch abgekochtem, auf 55 °C abgekühltem Wasser aufgießen.

3. Das Fläschchen kräftig durchschütteln und abkühlen lassen. Temperatur der Milch am Handgelenk überprüfen.

Ein Löffelchen für Papa, ein Löffelchen für Mama… Langsam gewöhnt sich das Baby an das Essen mit dem Löffel.

Um einer allergischen Reaktion gegenüber dem Kuhmilcheiweiß vorzubeugen, ist in der hypoallergenen (HA-)Milch das Eiweiß in kleine Bruchstücke aufgespalten (hydrolisiert). Damit soll der Darm des Kindes überlistet werden: Da er das hydrolisierte Eiweiß nicht als fremdartig ansieht, lässt er es problemlos passieren.

HA-Nahrung schmeckt oft ein wenig bitter. Babys, die sie von Anfang an bekommen, haben aber in der Regel keine Probleme damit. Auf keinen Fall sollte die HA-Nahrung mit Zucker oder einem anderen Süßungsmittel »versüßt« werden. Dr. Mathilde Kersting vom Forschungsinstitut für Kinderernährung empfiehlt Eltern, mit dem Kinderarzt zu besprechen, ob und wie lange ihr Baby HA-Nahrung bekommen soll.

Wenn Säuglinge bereits unter einer Allergie leiden, kann man auf so genannte **Hydrolysatnahrung** zurückgreifen. In dieser Milch wurde das Kuhmilcheiweiß oder auch das Sojaeiweiß in ganz bestimmte und kleinste Teile zerstückelt. Diese Milch gibt es in verschiedenen Sorten; sie ist sehr teuer, nur in der Apotheke erhältlich und muss vom Kinderarzt verschrieben werden.

Von der Flasche zum Löffel

Schinken und Cornflakes für Säuglinge? Klingt unglaublich, wurde aber tatsächlich ausprobiert: In den Fünfzigerjahren empfahlen amerikanische Kinderärzte allen Ernstes, Babys mit derart deftiger Kost zu füttern. Die Kinder sollten sich schon früh an die unterschiedlichsten Geschmacksrichtungen gewöhnen.

Heute würde wohl niemand mehr auf die Idee kommen, sein Kind mit solchen Methoden zum »Allesesser« zu erziehen. Im Gegenteil. »Weniger ist mehr« sollte die Devise im ersten Lebensjahr lauten. Abwechslung auf dem Speiseplan ist bis zum ersten Geburtstag kein Wert an sich. Wenn ein Baby bis dahin vier bis fünf Gemüsesorten kennt, reicht das völlig aus!

Babys brauchen erst ab dem fünften Monat Nähr- und Mineralstoffe, die ihnen die Muttermilch bzw. die Flasche allein nicht mehr bieten kann. Inzwischen belegen zahlreiche Studien sogar ein höheres Allergierisiko, wenn schon früher Beikost gefüttert wird. Abgesehen davon, kann das frühe Zufüttern für Mutter und Kind auch etwas mühsam sein. Denn vom Löffel essen kann ein Baby erst, wenn es bestimmte Fertigkeiten besitzt: Es muss den Brei vom Löffel lutschen und mit der Zunge nach hinten befördern können – vorher ist das Herunterschlucken nicht möglich. Schiebt das Baby den Brei mit seiner Zunge immer wieder aus dem Mund heraus, empfiehlt es sich, mit dem Zufüttern noch eine Zeit lang zu warten. Auch die Mutter sollte fürs Füttern bereit sein: Nicht allen Frauen fällt es leicht, vom intimen Ritual des Stillens auf das distanziertere Füttern mit dem Löffel umzustellen. Dabei spüren die Babys oft die mütterliche Unsicherheit: Man sollte sich daher nicht wundern, wenn das Baby sich weigert, die fein pürierten Möhren zu essen.

Für den ersten Brei wählt die Mutter (oder der Vater) möglichst eine ruhige Tageszeit. Wichtig ist, dass man seinem Baby am Anfang viel Zeit lässt. Mehr als zwei, drei Löffel wird es beim ersten Versuch wahrscheinlich nicht mögen. Den restlichen Hunger darf es an der Brust oder mit dem Fläschchen stillen. Nach und nach wächst nun der Breianteil, bis nach etwa einem Monat die erste Milchmahlzeit komplett ersetzt ist.

Zum Füttern macht man es sich am besten ganz bequem, nimmt das Baby aufrecht auf den Schoß und hält es mit dem linken Arm, sodass es stabil sitzen kann. Anfangs sollte man den Löffel nicht zu

tief in den Mund schieben, sonst kann das beim Baby einen Würgereiz auslösen. Manche Kinder brauchen Wochen, bis sie sich an den Löffel gewöhnt haben und ihren Mund zur richtigen Zeit auf- und wieder zumachen. Da heißt es für die Eltern einfach geduldig bleiben. Schon jetzt können Eltern späteren Essproblemen vorbeugen, wenn sie sehr genau auf die Signale ihres Babys achten und zum Beispiel mit dem Füttern aufhören, wenn das Kind seinen Kopf wegdreht. Sie sollten es niemals zwingen, den Mund zu öffnen oder den Brei zu schlucken.

WAS BABYS TRINKEN SOLLTEN

- Gut genährte Säuglinge (Brust- und Flaschenkinder) brauchen keinen Tropfen Flüssigkeit extra, auch nicht, wenn es draußen heiß ist. Denn Muttermilch bzw. vorschriftsmäßig angerührte Säuglingsmilch enthält so viel Flüssigkeit, dass ein Baby damit gut auskommt. Gegen etwas Tee ist nichts einzuwenden. Schon deshalb nicht, weil ein Schluck davon wunderbar beruhigen kann.
- Erst wenn das Kind abgestillt ist, muss es seinen Durst mit ungesüßten Kräuter- oder Früchtetees bzw. stark verdünntem Saft löschen können. Sobald dreimal Brei auf dem Speiseplan steht, gehört ein Getränk zu jeder Mahlzeit, zunächst mit einer Schnabeltasse, ab acht oder neun Monaten auch in einer Lerntasse mit doppeltem Henkel.
- Als Tees eignen sich zum Beispiel Kamillen-, Malven- oder Hagebuttentee sehr gut. Man kann den Tee lose oder im Beutel aufbrühen. Schwarzer Tee ist nicht empfehlenswert, da er anregend wirkt und seine Gerbsäure die Eisenaufnahme im Körper behindert. Instanttees und spezielle Babysäfte sollten ebenfalls vermieden werden.
- Falls sich ein Kind nur mit sehr süßen Getränken zufrieden gibt, kann man den Tee zunächst süßen und dann alle paar Tage den Zucker um ein paar Gramm reduzieren, bis das Baby sich an den nur schwach oder gar nicht gesüßten Tee gewöhnt hat.

Ab dem sechsten oder siebten Monat müssen Babys dann nicht mehr auf dem Schoß oder in der Babywippe gefüttert werden. Jetzt sind sie in der Lage, in ihrem eigenen Stuhl am Esstisch zu sitzen. Man sollte sie dabei aber niemals allein lassen. Erstens kann man Kinder im Krabbelalter gar nicht so gut sichern, dass sie nicht doch vom Stuhl stürzen könnten. Und zweitens verschlucken sich Babys sehr schnell, vor allem an Brei, der eventuell festere Bröckchen enthält.

Die erste B(r)eikost

Als ersten Brei empfehlen Ernährungsexperten Möhrenmus. Möhren enthalten viel Betacarotin (eine Vorstufe von Vitamin A), sie blähen und verstopfen nicht – und sie schmecken leicht süßlich. Das macht sie zur idealen Anfangskost, auch wenn inzwischen bekannt ist, dass Möhren in sehr seltenen Fällen zu Allergien führen können. Sollte das Baby kleine Pickelchen oder rote Hautstellen bekommen, fragt man am besten den Kinderarzt, ob es sinnvoll ist, auf ein anderes Gemüse umzusteigen. Verträgt das Baby die Möhren, werden – sobald es problemlos vom Löffel isst – nach und nach Kartoffeln untergemischt. Später kann dann püriertes Fleisch dazukommen.

Muss Fleisch wirklich sein? Ernährungswissenschaftler meinen: ja. Denn die Eisenvorräte, die das Kind im Mutterleib angelegt hat, sind irgendwann aufgebraucht und das Eisen aus Fleisch kann am besten aufgenommen werden. Dreimal 20 Gramm Fleisch in der Woche sollten es mindestens sein, möglichst in sechs Miniportionen. Allerdings kann auch eine ausgewogene vegetarische Ernährung Eisen in Form von Vollkorngetreide, Hafer und Hirse liefern. Wird gleichzeitig noch Vitamin C durch Obst oder Saft aufgenommen, kann das Eisen ebenfalls gut vom Körper verwertet werden.

Im sechsten oder siebten Monat kommt etwas Neues auf den Speiseplan: der Milch-Getreide-Brei. Er enthält viel Kalzium, Phosphor und Vitamin B2. Falls Mütter Gläschenkost füttern möchten, stehen sie jetzt im Supermarkt oft ratlos vor dem riesigen Angebot an Getreidebreien. Die meisten Gläschen enthalten zwar keinen Kristallzucker, dafür aber Traubenzucker (Maltodextrose, Glukose) oder Apfel- und Birnendicksaft. Das klingt gesünder, ist es aber nicht. Wer sein Baby nicht schon im ersten Lebensjahr zur Naschkatze erziehen will, verwendet deshalb reine Getreideflocken, die es mittlerweile von allen Herstellern gibt. Vollkornflocken enthalten dabei besonders viele Nährstoffe. Nachsüßen ist nicht nötig, auch nicht mit Honig. Dieser kann trotz sorgfältiger Herstellung Allergien auslösen oder auch krankheitserregende Bakterien enthalten (Clostridium botulinum). Da bei Babys im ersten Lebensjahr die Darmflora noch nicht sehr stabil ist, können diese Erreger zu einer lebensbedrohlichen Vergiftung führen. Zur Sicherheit sollte man daher auch bei Erkältungskrankheiten dem Baby keinen Honig in den Tee oder die warme Milch geben.

Das wird dem Baby am Nachmittag schmecken: frische süße Beeren mit Getreideflocken püriert.

Zwischen dem siebten und neunten Monat wird als dritte Breivariante der milchfreie Getreide-Obst-Brei eingeführt. Er versorgt das Baby vor allem mit den nötigen Ballaststoffen. Als Obst eignen sich Äpfel und Birnen, aber auch andere Früchte der Saison, zum Beispiel Pfirsiche, Aprikosen, Mandarinen, Himbeeren oder auch Melonen. Bananen enthalten viel Zucker und sollten deshalb mit weniger süßem Obst kombiniert werden. Der Getreide-Obst-Brei eignet sich gut als kleine Mahlzeit am Nachmittag.

Fertigkost oder selber kochen?

Die Experten des Dortmunder Forschungsinstituts für Kinderernährung werden immer wieder gefragt, ob selbst gekochte Nahrung nicht viel besser sei als Fertigkost. Die Antwort lautet: ja und nein. Beide Lösungen haben ihre Vor- und Nachteile. Für die Fertigkost spricht, dass sie Müttern eine Menge Zeit spart und strenge Kontrollen eine gute Qualität der verwendeten Rohstoffe garantieren. Kritisiert wird bei einigen Produkten die Zusammenstellung der Zutaten. Gläschenbreie enthalten oft zu wenig Fett (weniger als acht Gramm pro Mahlzeit), zu wenig Proteine (der Fleischanteil sollte mindestens 20 Gramm pro Mahlzeit betragen), unnötig viele Bestandteile (mehrere Obst- oder Getreidesorten) und Zusatzstoffe wie Bindemittel oder Antioxidantien. Gegen Verfärbung wird beispielsweise Vitamin C zugesetzt.

Wer selbst kocht, hat den Vorteil, dass er auch selbst bestimmen kann, was in den Brei kommt. Und man kann, wenn man beispielsweise in größeren Mengen einkauft, auch vorkochen und dabei Geld sparen, selbst wenn man – was die Experten allgemein empfehlen – im Bioladen einkaufen möchte. Und wenn Eltern beim Selberkochen wirklich ganz frische Zutaten verwenden, kommt dies auch der Qualität zugute. Außerdem können Eltern ihrem Baby das zubereiten, was es gern mag. Denn schon nach den ersten Breimahlzeiten wird es immer deutlicher seine Vorlieben und Abneigungen zeigen.

Vielseitige Anregungen zum Selberkochen für jede Altersstufe und jede Gelegenheit finden Sie im Rezeptteil ab Seite 68. In der Praxis, so das Forschungsinstitut für Kinderernährung, wechseln die meisten Eltern zwischen den beiden Möglichkeiten, selber zu kochen und Gläschen zu füttern, ab.

PFLEGE FÜR DIE ERSTEN ZÄHNCHEN

- Den Zähnchen nicht zu viel Gezuckertes zumuten. Obstbreie oder leicht gesüßte Tees sind in Ordnung. Keine gesüßten Babytees kaufen, sondern Fruchtsäfte mit Wasser verdünnen. Das Kind nicht ständig nuckeln lassen! Das macht kariesanfällig und verursacht Zahnfehlstellungen.
- Zähneputzen beim Baby ist nicht leicht. Im ersten Lebensjahr geht's am besten mit einem Wattestäbchen, einem um den Finger gewickelten Mull-Läppchen oder speziellen Fingerlingen aus der Apotheke. Dann das Kind wie zum Stillen auf den Arm nehmen oder sich auf den Boden setzen, den Kopf des Babys in den Schoß legen und mit der anderen Hand die Zähne reinigen.
- Ab dem zweiten Lebensjahr kann das Kind schon selbst mit einer weichen Zahnbürste herumschrubben. Nachputzen ist nötig – bis zum Schulalter.
- Wichtig ist, dass das Kind begreift: Zähneputzen ist so selbstverständlich wie Essen und Trinken. Am größten ist die Aussicht auf Lernerfolg, wenn Mutter und Vater mit gutem Beispiel vorangehen.
- Zahnpasta kann man verwenden, sobald das Kind sie nicht mehr verschluckt. Empfehlenswert ist eine Zahnpasta mit 0,05 Prozent Fluorid und neutralem Geschmack.

Was darf das Baby alles probieren?

Neben der neuen Breikost sollte der tägliche Bedarf an Trinkmilch von etwa 200 Millilitern auch im zweiten Lebenshalbjahr mit Muttermilch oder Fertigmilch gedeckt werden, damit das Kind ausreichend Vitamine und Eisen bekommt. Für die optimale Kalziumversorgung darf jedoch ein Milch-Getreide-Brei am Tag mit Kuhmilch angerührt werden – vorausgesetzt, es besteht bei dem Kind kein erhöhtes Allergierisiko. Bis sich der neue Ernährungsplan eingespielt hat, dauert es etwa drei bis vier Monate. Jetzt, mit etwa zehn Monaten, sind auch bereits die ersten Zähnchen da. Deshalb werden die Zutaten nicht mehr fein püriert, sondern nur noch mit der Gabel zerdrückt. Sobald es dreimal täglich Brei gibt, gehört ein Getränk wie Wasser oder Tee zu jeder Mahlzeit. Am besten wird es dem Baby gleich in der Tasse angeboten. Nun ist die Zeit gekommen, in der das Kind klein geschnittenes rohes oder nicht zu weich gekochtes Gemüse in die Hand nehmen kann – oder auch ein Stückchen Brot. Spätestens jetzt sollten die Eltern mit der ersten Zahnpflege beginnen (siehe Kasten links). Nun können die Kinder auch beim Essen in ihrem Stuhl mit am Familientisch sitzen. Sind die Speisen mild gewürzt, kaum gesalzen und nicht zu hart, dürfen Einjährige ruhig alles probieren, was die Großen auf ihren Tellern haben.

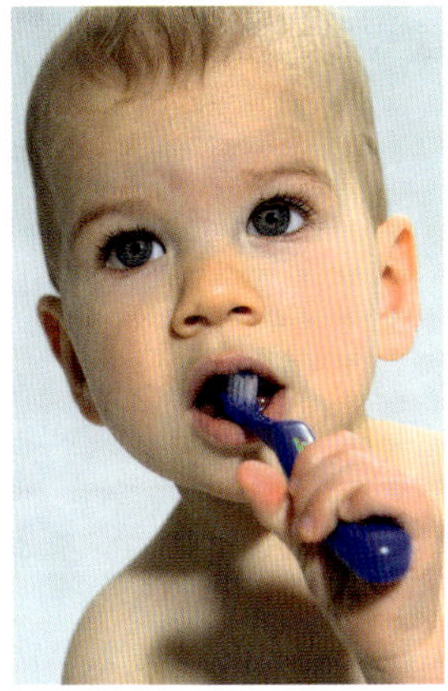

Auf der Zahnbürste herumzukauen macht Spaß. So gewöhnt sich Ihr Kind an die erste Zahnpflege.

Der Ernährungsplan fürs 1. Lebensjahr

<table>
<tr><th></th><th>1.–4. Monat</th><th>5. Monat</th><th>6. Monat</th><th>7. Monat</th><th>8. Monat</th><th>9. Monat</th><th>10. Monat</th><th>11. Monat</th><th>12. Monat</th></tr>
<tr><td>Morgens</td><td colspan="6">Stillen oder Flasche</td><td colspan="3">Brot-Milch-Mahlzeit</td></tr>
<tr><td>Vormittags</td><td>Stillen oder Flasche</td><td colspan="5">Stillen oder Flasche nach Bedarf</td><td colspan="3">Zwischenmahlzeit</td></tr>
<tr><td>Mittags</td><td>Stillen oder Flasche</td><td colspan="8">Gemüse-Kartoffel-Fleisch-Brei (Glas oder selbst gekocht)</td></tr>
<tr><td>Nachmittags</td><td colspan="3">Stillen oder Flasche</td><td colspan="3">Getreide-Obst-Brei (Glas oder selbst gekocht)</td><td colspan="3">Zwischenmahlzeit</td></tr>
<tr><td>Abends</td><td colspan="2">Stillen oder Flasche</td><td colspan="4">Milch-Getreide-Brei (Packung, Glas oder selbst gekocht)</td><td colspan="3">Brot-Milch-Mahlzeit</td></tr>
</table>

Tipps rund um den Babybrei

Wenn Sie **Brei selbst zubereiten** möchten, empfiehlt sich der Einkauf im Bioladen, da Gemüse und Obst oft mit Pestiziden bzw. Nitrat belastet sind. Aber auch da sollten Sie auf Frische achten. Welkes Grünzeug hat weniger Nährwert und enthält oft mehr Nitrit, ob bio oder nicht. Im Winter kann man auf Tiefkühlgemüse umsteigen, allerdings ohne Zusätze von Gewürzen, Sahne und Ähnlichem. Für den Getreidebrei sollten Sie leicht verdauliche Getreideflocken wählen, ebenfalls aus ökologischem Anbau.

Wenn Sie **Gläschen verwenden**, haben Sie eine riesige Auswahl. Aber nicht alles, was sich in den Regalen stapelt, ist auch sinnvoll. Grundsätzlich gilt: Je einfacher die Zusammensetzung und je kürzer die Zutatenliste auf dem Gläschen ist, desto besser. Orientieren Sie sich einfach an den Rezepten zum Selbermachen. Mehr als drei, vier unterschiedliche Zutaten müssen nicht drin sein. Bei einem Gläschen mit Gemüse-Kartoffel-Fleisch-Brei beispielsweise reicht eine Gemüsesorte, dabei sind Kartoffeln wertvoller als Teigwaren und Reis, Salz und Gewürze sind überflüssig. Häufig enthält Gläschenkost weniger Fett, als für die Selbstzubereitung empfohlen wird (unter acht Gramm pro Mahlzeit). Eltern können dem Gläscheninhalt noch ein wenig Raps- oder Maiskeimöl zufügen.

Beim Kauf von Vollmilch-Getreide- und Getreide-Obst-Breien lohnt es sich, auf Zusätze von Zucker oder ähnlichen Zutaten zu achten. Sie fördern die Entstehung von Karies und gewöhnen das Kind an den süßen Geschmack. Oft versteckt sich Zucker in der Zutatenliste hinter Begriffen wie Saccharose (Haushaltszucker), Glucose (Traubenzucker), Glucosesirup, Fructose (Fruchtzucker), Maltose (Malzzucker) oder auch Maltodextrin.

Gemüse-Kartoffel-Fleisch-Brei

Um einen Gemüse-Kartoffel-Fleisch-Brei zu koche brauchen Sie neben Kartoffeln nur vier weite Zutaten: Gemüse, Fleisch, Saft und Öl. Als Gemü können Sie Möhren, Fenchel, Kohlrabi, Zucchi Blumenkohl oder Brokkoli wählen. Blähende Sort wie Kohl oder Hülsenfrüchte sollten Sie nur mit Vo sicht verwenden. Als Fleisch kommt Mageres v Rind, Kalb, Schwein, Lamm oder Geflügel infrag Orangen- und Apfelsaft, aber auch Obstpüree liefe das nötige Vitamin C und können zum Verflüssig dienen. Raps-, Soja-, Sonnenblumen- oder Ma keimöl steuern das nötige Fett bei.

Auf einem empfehlenswerten Gläschen mit Gem se-Kartoffel-Fleisch-Brei sollte etwa stehen: Möhre Kartoffeln, Wasser, Rindfleisch, pflanzliches Öl.

›llmilch-Getreide-Brei

ır drei Zutaten sind für die Zubereitung des Voll- ılch-Getreide-Breis nötig: Milch – am besten Voll- ılch mit 3,5 Prozent Fett (entweder pasteurisierte ischmilch oder ultrahocherhitzte H-Milch) – sowie treide. Hier bieten sich Flocken oder Grieß an, vor- ˌgsweise Vollkornprodukte, ohne Zusatz von Zucker er anderen Zutaten. Außerdem benötigen Sie vas Obstsaft.

Möchten Sie einen Vollmilch-Getreide-Brei aus m Gläschen füttern, sollte darin nicht mehr enthal- ı sein als: Reis, Magermilchpulver, Bananenpulver, anzliche Öle und Fette, Milchfett, Vitamine, Kal- ım, Eisen und Jod. Eine Getreide- bzw. Obst- rte reicht vollkommen aus. Süßungsmittel und schmackszutaten sind überflüssig.

Getreide-Obst-Brei

Wenn Sie einen Getreide-Obst-Brei zubereiten möchten, sind neben Wasser oder Obstsaft noch drei weitere Zutaten nötig: Getreideflocken (zum Beispiel Hirseflocken, Dinkelflocken, Siebenkornflocken etc.), Obst und etwas Fett, zum Beispiel Butter. Am besten verwendet man frisches Obst der Saison wie geschälte Äpfel, Birnen, Pfirsiche, Nektarinen, Melonen oder Aprikosen. Bananen sollten nach Möglichkeit mit anderem Obst vermischt werden, da sie sehr zuckerhaltig sind.

Auf einem empfehlenswerten Gläschen mit Getreide-Obst-Brei sollten beispielsweise nicht mehr Zutaten verzeichnet sein als: Pfirsiche, Vollkornhafermehl, Wasser, Sojaöl. Auch hier gilt: Eine Obstsorte reicht aus und der Brei sollte außerdem milchfrei sein.

Gesunde Babykost – von Anfang an

Sobald Kinder aus dem Breialter heraus sind, brauchen sie eine abwechslungsreichere und zugleich ausgewogene Kost. Wenn sie zusätzlich erleben, wie viel Spaß Kochen und das gemeinsame Essen machen, können sie sich zu Genießern entwickeln. Und das ist die beste Voraussetzung dafür, dass sie sich auch in Zukunft gut ernähren werden.

»Will selber« – mit der Sprache kommt im zweiten Lebensjahr auch das Selbstbewusstsein. Und mit dem Selbstbewusstsein wird dann das Familienessen kommentiert: »Lecker!« Oder aber: »Schmeckt nicht!« Vorbei sind die Zeiten, als es nur Milch oder drei Sorten Brei gab, nun haben die Einjährigen das Gleiche auf dem Teller wie die Großen. Und es gibt nur noch wenig Lebensmittel, die ihr Verdauungssystem nicht vertragen würde. Auf einem anderen Blatt steht allerdings, ob sie gedünsteten Brokkoli, Currysauce oder rohe Tomaten auch mögen. Denn junge Gaumen sind sehr empfindlich. An die 10000 Geschmacksknospen tun auf der Zunge eines Kleinkinds ihren Dienst – bei einem Erwachsenen sind es durchschnittlich nicht halb so viele.

Gar nicht so einfach, das große Stück klein zu kriegen! Alles, was Geschwister oder Eltern auf dem Teller haben, möchte ein Kind jetzt auch probieren.

Nicht alle Menschen empfinden gleich. Man weiß heute, dass Kinder auf süß oder bitter dank genetischer Anlagen unterschiedlich sensibel reagieren. Im Lauf der Kindheit und Jugend verliert dieser genetische Einfluss allerdings an Bedeutung. Andere Faktoren wie Ernährungsgewohnheiten und Lebensbedingungen spielen dann eine immer größere Rolle.

Immerhin scheinen Babys bereits ab dem sechsten Schwangerschaftsmonat süß und sauer, salzig und bitter auseinander halten zu können. »Schon vor der Geburt entwickeln sich Vorlieben für bestimmte Geschmacksrichtungen«, sagt Professor Wolfgang Meyerhof, Leiter der Abteilung Molekulare Genetik am Deutschen Institut für Ernährungsforschung in Potsdam. Die Ernährung der Mutter prägt den Geschmack des Fruchtwassers – und später auch den der Muttermilch. Dass fast alle Kinder von klein auf Süßes

mögen, selbst wenn sich die Mutter in der Schwangerschaft von Bratkartoffeln und sauren Gurken ernährt hat, deutet auf eine universelle, allen Menschen angeborene Vorliebe hin. Wahrscheinlich hat die Natur das deshalb so eingerichtet, weil süß ein Signal für Zucker und Kohlenhydrate ist – beides braucht der Mensch, um sich gut zu entwickeln. Außerdem wirkt der urmenschliche Instinkt, dass süße Speisen ungefährlich, bittere dagegen oft giftig sind, offenbar noch stark nach. Glücklicherweise ist Muttermilch immer leicht süß – unabhängig von allen individuellen Prägungen durch die Ernährung der Mutter. Und noch eine zweite Vorliebe ist in uns angelegt: die für salzige, kräftig gewürzte Speisen. Wir mögen sie, weil sie unseren Elektrolythaushalt stabil halten. Kein Wunder, dass die meisten Kinder bei Pudding und Nudeln mit Ketchup leuchtende Augen bekommen. Kopfsalat oder Fisch sagen ihnen dagegen erst mal wenig zu. Und fast alle Kinder spucken Bitteres wie Grapefruit oder Kaffee wieder aus.

Für ihre geistige und körperliche Entwicklung benötigen Kinder viel hochwertiges Eiweiß – zum Beispiel aus Milch, Butter, Quark oder Käse.

Die 8 Bausteine einer ausgewogenen Ernährung

Wie eine gute Kinderernährung aussehen soll, darüber sind sich die Fachleute nahezu einig. Kinder brauchen Eiweiß, Fett, Kohlenhydrate, Ballast- und Mineralstoffe sowie Vitamine – alles in einer ausgewogenen Mischung. Damit sie gleichmäßig an Körpergewicht und Körpergröße zunehmen können, müssen sie im Verhältnis zu ihrem kleinen Körper viel mehr essen als Erwachsene. Besonders der Energie-, Protein- und Flüssigkeitsbedarf pro Kilogramm Körpergewicht ist bei Kindern größer. Eine vollwertige Ernährung beinhaltet folgende lebenswichtige Komponenten:

Eiweiß, auch Protein genannt, sorgt für den Aufbau und die Regeneration der Körperzellen. Es ist für die Signalübertragung im Gehirn ebenso wichtig wie für das Funktionieren unseres Immunsystems. Eiweiß wird von 20 Aminosäuren gebildet, acht davon gelten als essenziell, das heißt, unser Körper braucht sie zum Leben. Weil er sie nicht selbst herstellen kann, müssen sie ihm

durch Milch, Fleisch, Fisch, Eier oder pflanzliche Nahrungsmittel wie Hülsenfrüchte und Getreide zugeführt werden. Weil Eiweiß für die körperliche und geistige Entwicklung unabdingbar ist, brauchen Kinder entsprechend viel davon, Kleinkinder etwa 25 Prozent mehr als Erwachsene. Für eine optimale Versorgung mit allen Aminosäuren sollten Kinder Eiweiß sowohl aus pflanzlichen als auch aus tierischen Produkten bekommen.

Kohlenhydrate sind organische Verbindungen, die Pflanzen mithilfe von Licht aus Kohlendioxid und Wasser herstellen. Sie liefern die notwendige Energie für Stoffwechselprozesse und ein funktionierendes Nervensystem. Man unterscheidet zwischen komplexen Kohlenhydraten in Vollkorngetreide, Gemüse und Hülsenfrüchten sowie einfachen Kohlenhydraten in Obst und Weißmehl. Letztere werden auch als »leere« Kalorien bezeichnet, sie machen dick und verursachen Karies. Kleinkinder sollten die Hälfte ihres Energiebedarfs mit guten Kohlenhydraten decken, also reichlich Gemüse, Kartoffeln und Vollkornprodukte essen.

Komplexe Kohlenhydrate aus Vollkornprodukten und Obst sollten bei Kleinkindern ungefähr die Hälfte des Energiebedarfs decken.

Fett hat mit neun Kalorien pro Gramm einen mehr als doppelt so hohen Brennwert wie Eiweiß und Kohlenhydrate (mit jeweils vier Kalorien pro Gramm). Der Körper braucht Fett für die Bildung der Zellwände, für die Hormonproduktion und die Blutzirkulation. Auch von den Vitaminen A, D, E und K kann der Organismus nur in Verbindung mit Fett profitieren, da diese Vitamine fettlöslich sind. Aber Fett ist nicht gleich Fett. Tierische Fette enthalten vor allem gesättigte Fettsäuren. Einfach und mehrfach ungesättigte Fettsäuren stecken dagegen vermehrt in pflanzlichen Ölen und in manchen Fischsorten. Besonders die ungesättigten Fette sind lebensnotwendig und regulieren unter anderem das Immunsystem und das Sehvermögen. Kleinkinder dürfen bis zu einem Drittel ihres Kalorienbedarfs durch fetthaltige Lebensmittel decken. Empfehlenswert sind Muttermilch bzw. Kuhmilchprodukte, Pflanzenöle, Gemüse oder Fisch. Die Aufnahme von gesättigten Fettsäuren sollte maximal ein Drittel des insgesamt verzehrten Fetts betragen.

Ballaststoffe, auch Faserstoffe genannt, sind zwar unverdauliche Pflanzenteile, aber trotzdem unverzichtbarer Bestandteil der täglichen Ernährung. Die in Hülsenfrüchten, Getreide, Obst, Gemüse, Nüssen und Samen enthaltenen faserigen Substanzen unterstützen die Darmtätigkeit, machen satt und binden Giftstoffe im Darm. Kleinkinder nehmen Ballaststoffe vor allem mit Obst und Gemüse oder Vollkornprodukten auf. Falls ein Kind Hülsenfrüchte am Anfang noch nicht so gut verträgt, sollte man sie ihm erst ab dem dritten Lebensjahr geben.

Da viele Vitamine auf Einflüsse wie Hitze oder Licht empfindlich reagieren, sollte man Obst und Gemüse möglichst frisch verzehren.

Vitamine sind wahre Wunderstoffe des Lebens, die wir dem Körper zuführen müssen, weil er sie – abgesehen von Vitamin D – nicht selbst in ausreichender Menge bilden kann. 13 von ihnen gelten als lebenswichtig, zum Beispiel die fettlöslichen Vitamine A (wichtig für die Augen), D (für die Knochen), E (für den Schutz der Zellen), aber auch die wasserlöslichen wie B (wichtig für die Verarbeitung von Eiweiß, Fett und Kohlenhydraten) und C (fürs Immunsystem). Vitamine fördern das Wachstum, helfen bei der Zellregeneration und sind an der Aufrechterhaltung sämtlicher Körperfunktionen beteiligt. Bekommen Kinder frisches Obst und Gemüse in ausreichender Menge – am besten fünfmal täglich – ist ihr Bedarf an Vitaminen ausreichend gedeckt. Zusätzliche Gaben in Form von Tabletten sind dann in der Regel nicht nötig.

Mineralstoffe und Spurenelemente werden unter anderem für den Stoffwechsel und die Knochenbildung benötigt. Kalzium, Phosphor und Magnesium machen den größten Teil der Mineralstoffe im Körper aus. Zu den Spurenelementen (die so heißen, weil sie nur in geringsten Mengen vorhanden sind) gehören Eisen, Zink, Kupfer, Jod, Fluor und Selen. Generell benötigen Kinder für ihr Knochenwachstum eine Menge Kalzium. In den ersten ein, zwei Lebensjahren sowie während der Pubertät ist der Kalziumbedarf am höchsten. Das Gleiche gilt für Phosphor, der zum Beispiel in Wurst und Fleisch enthalten ist. Fleisch ist auch die wichtigste Quelle für Eisen, das der Organismus für den Sauerstofftransport

im Blut benötigt. Kinder, die kein oder nur wenig Fleisch essen, können sich das Eisen auch aus Vollkornlebensmitteln oder dunkelgrünem Gemüse holen, dann am besten kombiniert mit Vitamin-C-haltigen Getränken.

Sekundäre Pflanzenstoffe sind wie auch die Ballaststoffe keine Nährstoffe im eigentlichen Sinn und wurden in ihrer Bedeutung für die Gesundheit daher lange unterschätzt. Es handelt sich um mehrere tausend Einzelsubstanzen, die wir mit abwechslungsreicher pflanzlicher Kost zu uns nehmen. Sie beeinflussen unser Immunsystem positiv, wirken entzündungshemmend und krebsvorbeugend. Sekundäre Pflanzenstoffe finden sich vor allem in buntem Gemüse wie Möhren, Tomaten und Paprikaschoten, aber auch in Zwiebeln und Kohl.

Gemüse liefert viele Ballaststoffe und sekundäre Pflanzenstoffe, die für die Entwicklung des Kindes wichtig sind und sein Immunsystem stärken.

Wasser ist der Grundstoff allen Lebens und mit weit über 50 Prozent Hauptbestandteil unseres Körpers. Ohne Wasser kann kein Kind wachsen, seine Organe würden nicht funktionieren, Nährstoffe würden nicht transportiert, Abfallstoffe nicht ausgeschieden. Kleinkinder brauchen am Tag etwa einen Liter Flüssigkeit bzw. als Essen getarnte Getränke, wie beispielsweise saftige Obst- und Gemüsesorten (Gurken, Paprika, Kirschen, Melonen). Bester Durstlöscher ist immer noch Wasser, eventuell mit etwas Fruchtsaft gemischt. Wenn es ansprechend serviert wird, zum Beispiel in einer schönen Karaffe oder bunten Bechern, gewöhnen sich viele Kinder auch an das schlichte, aber gute Leitungswasser. Übrigens: Kein Lebensmittel wird bei uns so streng kontrolliert wie die Flüssigkeit, die aus dem Wasserhahn kommt. Nur in Altbauten mit Blei- oder Kupferrohren ist eine spezielle Wasseranalyse sinnvoll, gegebenenfalls der Umstieg auf abgepacktes Wasser. Mineralwasser sollte nicht zu viel Kochsalz (Natriumchlorid) und Kohlensäure (Hydrogencarbonat) enthalten, es sollte nitratarm sein, dafür aber viel Magnesium enthalten. Am besten achtet man auf das Flaschenetikett, auf dem das Wasser als »geeignet für die Zubereitung von Babynahrung« ausgewiesen wird.

Bedeutet vegetarisch auch gesund?

Kleine Kinder brauchen für ihr Gedeihen nicht unbedingt Fleisch, obwohl die meisten Experten den Verzehr von Fleisch möglichst schon ab dem fünften Monat empfehlen. Milchprodukte und Eier sind dagegen unverzichtbar. Auch ein wenig Fisch gehört auf den Speiseplan. Das Forschungsinstitut für Kinderernährung weist darauf hin, dass eine so genannte vegane Ernährung ganz ohne tierische Eiweiße das Wachstum stört, insbesondere wegen mangelhafter Kalziumzufuhr. Außerdem fehlt das Vitamin B12, das wichtig für Nervenfunktionen und die Produktion roter Blutkörperchen ist.

Trinkt Ihr Kind etwas Orangensaft zum eisenhaltigen Gemüse, kann sein Körper das Spurenelement besser aufnehmen.

Der Verzicht auf Fleisch und Wurst dagegen lässt sich kompensieren. Wichtige Nährstoffe des Fleischs wie Zink oder B-Vitamine sind auch in anderen Lebensmitteln enthalten, zum Beispiel in Milch. Nur auf die Eisenzufuhr sollten Eltern achten. Das wertvolle Spurenelement wird vom Körper aus pflanzlichen Lebensmitteln, Milch und Ei lediglich zu zwei bis fünf Prozent verwertet, aus Muskelfleisch dagegen zu ungefähr 20 Prozent. Die schlechte Eisenaufnahme lässt sich aber mit Vitamin C verbessern. Relativ viel Eisen enthalten Vollkorngetreide, Blattgemüse, Sojabohnen, Erbsen, Bohnen und andere Hülsenfrüchte. Damit die Nahrung jedoch genügend verwertbares Eisen liefert, ist die gleichzeitige Aufnahme von Vitamin C (Ascorbinsäure) nötig. Denn Vitamin C vermag das vom Körper nur schlecht verwertbare Eisen, das in der Regel in Lebensmitteln vorliegt, in so genanntes zweiwertiges Eisen umzuwandeln. Und in dieser Form kann unser Organismus das Spurenelement optimal nutzen. Daher ist es ratsam, zum Beispiel ein Glas Orangensaft zusammen mit eisenhaltigem Gemüse oder Getreide zu sich zu nehmen bzw. den Babybrei mit Vitamin-C-haltigem Saft zu vermengen. Dagegen enthalten Kakaoerzeugnisse, Nüsse und Nussaufstriche sowie Colagetränke Phosphate, die die Eisenaufnahme hemmen.

Auf den richtigen Nährstoffmix kommt es an

Wie lassen sich nun die einzelnen lebenswichtigen Bausteine zu einer ausgewogenen Ernährung zusammenfügen? Was sollte man beachten? Was ist erlaubt und was nicht? Die Experten des Forschungsinstituts für Kinderernährung haben auf diese Fragen Antworten gefunden und ein spezielles Konzept entwickelt: »Optimix«, kurz für Optimierte Mischkost. Dieses Ernährungskonzept beruht auf drei einfachen Regeln: Die Grundlage sollten pflanzliche Lebensmittel bilden. Tierische Lebensmittel sollten in Maßen und fettreiche Nahrungsmittel lediglich sparsam vewendet werden. Strenge Verbote gibt es bei dieser Mischkost nicht, man kennt nur empfohlene und geduldete Nahrungsmittel, Pflicht und Kür sozusagen.

> **SPEISEKARTE FÜR EINJÄHRIGE**
>
> Ab dem ersten Lebensjahr sollten Kinder fünf Mahlzeiten pro Tag bekommen: drei Hauptmahlzeiten und zwei Zwischenmahlzeiten. Eine der Hauptmahlzeiten sollte warm sein. So könnte ein Beispieltag aussehen: Zum **Frühstück** gibt es French Toast mit Haferflocken (siehe Rezeptteil, Seite 84). Dazu eine Tasse Tee, Wasser, Milch oder Kakao. **Zwischendurch** geben Sie Ihrem Kind etwas Obst, ein kleines Knabbergebäck, dazu ein Glas Wasser oder Saft. Ist das **Mittagessen** die warme Hauptmahlzeit, dann gibt es Kartoffelkrapfen mit Spinat (siehe Rezeptteil, Seite 92).
> Für **nachmittags** können Sie Obstsalat mit Ricotta zubereiten (siehe Rezeptteil, Seite 118). Dazu trinkt das Kind ein Glas Saft oder eine Tasse Tee. Zum **Abendessen** richten Sie eine Zwergenbrotzeit her (siehe Rezeptteil, Seite 124). Dazu bekommt das Kind ein Glas Wasser oder Saft oder auch eine Tasse Tee.

Natürlich sollen Kinder, sobald sie mit am Familientisch sitzen, von den wertvollen Lebensmitteln mit hoher Nährstoffdichte am meisten essen. Da schneiden Gemüse, Obst und Vollkorngetreide, Milch, Fleisch und Pflanzenöl eindeutig am besten ab. Da diese Lebensmittel jedoch nur 90 Prozent unseres Energiebedarfs decken, bleibt noch ein Rest für kleine Schleckermäuler übrig. Bis zu zehn Prozent ihrer Gesamtkalorien dürfen Kinder ganz ohne schlechtes Gewissen in Form von Knabbereien, Kuchen oder Süßigkeiten zu sich nehmen.

Optimal funktioniert dieses Ernährungskonzept, wenn mehrere Mahlzeiten gut über den Tag verteilt werden. Die Kinder sind dann gleichmäßiger mit Energie und Nährstoffen versorgt. Außerdem lassen sich dadurch auch Heißhungerattacken vermeiden, die leicht zu übermäßigem Essen verführen. Empfehlenswert sind drei Hauptmahlzeiten: zwei kalte wie Frühstück und Abendessen, eine warme, zum Beispiel mittags, sowie zwei kleinere Zwischenmahlzeiten. Wird dieses Ernährungskonzept schon von Anfang an berücksichtigt, sind entscheidende Grundlagen für die spätere gesunde Ernährung des Kindes gelegt.

Wenn das Baby am Familientisch sitzt

Sobald das Baby im Hochstuhl mit am Familientisch sitzt, beginnt es sich für das ganze Drumherum beim Essen zu interessieren: Der Brei ist ebenso spannend wie der Löffel, der Teller, die Tasse, das Lätzchen... Bei Babys, die noch gefüttert werden müssen, aber jetzt immer selbst essen wollen, hilft häufig ein Kompromiss: Mal darf die Mutter löffeln, mal das Kind. Oder jeder bekommt gleich seinen eigenen Löffel. Babys sollten mit dem Essen auch spielen dürfen. Wenn sie Mahlzeiten mit Spaß verbinden, ist das die beste Voraussetzung für gesundes Essverhalten. Warum soll ein Kind seinen Obstbrei oder die Bananenstückchen nicht in Ruhe anschauen und befühlen dürfen? Denn es isst und genießt nicht nur mit dem Mund. Es will auch riechen und die Beschaffenheit spüren. Spielen ist gleichbedeutend mit Lernen. Wenn Sie dabei größere Kleckereien befürchten, verwenden Sie am besten große Teller oder abwaschbare Kittel und schützen Sie den Boden mit einer Folie oder einem speziellen Teppich unter dem Kinderstuhl. Besteck und Geschirr sollten dem Kind gefallen, nicht den Eltern. Während es früher hieß, dass gebogene Löffel nicht zum Essenlernen taugen und Kinder gleich mit dem richtigen Besteck essen sollten, sagt man heute: Erlaubt ist, was die kindliche Autonomie fördert.

Wer seinem Kind erst mal kleine Portionen anbietet, kann sich am ehesten über einen leer gegessenen Teller freuen. Große Portionen können dem Kind regelrecht den Appetit verderben. Das Gleiche gilt, wenn die Eltern jeden Bissen, den das Kind zu sich nimmt, kommentieren – sei es im Positiven wie im Negativen. Wenn bei Tisch dagegen über angenehme Themen gesprochen wird, wenn jeder mitreden und mitlachen darf, för-

FALLS EIN KIND NICHT ESSEN WILL

- Manchmal kündigt sich ein Schnupfen oder ein Infekt damit an, dass das Baby nur ganz wenig oder überhaupt nichts essen mag.
- Es sitzt nicht bequem genug. Möglicherweise ist die Windel voll und es muss vor dem Essen noch gewickelt werden.
- Am Tisch wird gebastelt oder geschrieben – vielleicht lässt sich das Baby von seinen älteren Geschwistern beim Essen ablenken.
- Kinder, die sehr schnell gefüttert werden, fühlen sich zuweilen bedrängt und öffnen daher nur widerstrebend den Mund. Lässt man sich mit dem Löffeln mehr Zeit, empfinden sie das als angenehmer und es wird mit dem Füttern keine Probleme mehr geben.
- Kinder lehnen Lebensmittel manchmal ohne ersichtlichen Grund von Anfang an ab. Diese Speisen entweder nicht mehr anbieten oder mit anderen Lebensmitteln so kombinieren, dass sie wieder interessant werden.
- Kinder spüren es, wenn ihre Eltern unsicher sind, zum Beispiel weil sie glauben, ihr Baby esse nicht genug. Zur Beruhigung: Wenn ein Kind wirklich hungrig ist, dann wird es auch essen.
- Will ein Kind länger als zwei Tage nichts zu sich nehmen, sollte man den Kinderarzt um Rat fragen.

Eine fröhliche Runde am Familientisch fördert den Appetit und die Lust des Kindes, auch mal neue Lebensmittel zu probieren.

dert das den Appetit. Und geht es ums Probieren neuer Gerichte oder neuer Lebensmittel, heißt die einfache Devise: nur Geduld!

Ab dem zweiten Lebensjahr sollten Eltern ihrem Kind immer wieder etwas Neues anbieten, damit es viel probieren kann. Zwang verbietet sich, besonders wenn das Kind bereits einen echten Widerwillen gegen ein Lebensmittel zeigt. Anhand mehrerer Untersuchungen wurde festgestellt, dass die meisten Kinder irgendwann von allem versuchen – wenn sie es freiwillig tun dürfen. Also sollte man den Wirsing oder die Orange immer wieder freundlich und ohne Druck anbieten.

Ob ein Kind ein Gemüse oder Obst mag oder ablehnt, kann von der jeweiligen Entwicklungsphase abhängen, oder davon, ob die älteren Geschwister dieses Gemüse oder Obst gerade essen oder nicht. Auch kleine Tricks sind erlaubt. So essen viele Kinder Saucen und Suppen mit den absonderlichsten Gemüsen auf einmal klaglos, wenn sie püriert sind. Oder wenn sie mit anderen so kombiniert werden, dass sie für das Kind nicht mehr erkennbar sind. In beiden Fällen verlieren diese Speisen nichts von ihrem Nährwert.

Bieten Sie Ihrem Kind ruhig immer wieder mal Fingerfood an, denn mit den Händen zu essen gefällt allen Kindern. Auf diese Weise werden auch Obst und Gemüse meistens mit Vergnügen verzehrt. Weil der Mensch auch mit dem Auge isst, kommen Bananenschiffchen, geschnitzte Mohrrüben oder hübsche Schokostreusel-Verzierungen immer gut an. Und ab und zu darf es auch mal richtig feierlich werden: Zweijährige genießen es durchaus schon, an einem schön gedeckten Tisch zu sitzen, mit Tischtuch, Stoffservietten, gutem Besteck und einem Kerzenleuchter. In so einer Atmosphäre kann es kleinen Kindern sogar Spaß machen, Tischmanieren zu lernen.

Tasten, fühlen, riechen, schmecken… alle Sinneseindrücke gehören zum Essen und zum Genießen.

Den Geschmackssinn schulen

Klar ist: Gesundheit und Genuss gehören untrennbar zusammen. Wer gelernt hat zu genießen, ist kritischer gegenüber dem, was er isst, er wird sich langfristig besser, sprich: ausgewogener und vollwertiger ernähren. Daher ist es wichtig, dass ein Kind seine Geschmackssinne schulen kann. Dies kann es umso mehr, je intensiver das Selberkochen, Ausprobieren und Genießen am Familientisch gepflegt wird, möglichst schon von Anfang an. Längst wissen die Ernährungswissenschaftler nämlich, gegen wen sie mit ihren vernünftigen Empfehlungen ankämpfen: Viele Nahrungsmittelhersteller nutzen die menschliche Schwäche für Fettes, Süßes und Salziges gnadenlos aus – wodurch die Reizschwelle bei Kindern stetig weiter steigt: Intensive Geschmackserlebnisse brauchen dann immer mehr Salz, Fett und Zucker. Instanttees, Babyfertignahrung, Tütensuppen, Fastfood, Tiefkühlpizza und Fertigpudding hinterlassen auf diese Weise ihre Spuren auf den kindlichen Geschmackspapillen. Dadurch droht die Verarmung des Geschmacksempfindens und die Kinder können niemals ihren Sinn für gesundes und wohlschmeckendes Essen schulen. Um dieser Entwicklung entgegenzuwirken, haben sich europäische Spitzenköche in der Organisa-

tion »Eurotoques« zusammengetan und bieten seit Jahren so genannten Geschmacksunterricht an. Eurotoques-Präsident Ernst-Ulrich Schassberger stellt mit Erstaunen fest, dass sehr viele Kinder bitter mit sauer verwechseln – oder scharf mit salzig. Laut Schassberger ist der Geschmackssinn vieler italienischer oder türkischer Kinder wesentlich feiner ausgebildet: »Sie sind in der Lage, Geschmacksproben zuzuordnen und sogar Kräuter zu bestimmen, da in diesen Haushalten offenbar öfter frisch und variationsreich gekocht wird.«

Gesund essen lernen

Wie wichtig gesundes Essen ist, wissen heute die meisten Eltern. Sie bieten ihrem Kind »Grießbrei mit Traubenmus« oder »Honig-Möhrchen mit Kartoffelschnee« an und verschlingen selbst alle Informationen über die richtige Kinderernährung – aber wundern sich, dass ihr Nachwuchs manchmal nicht so isst, wie es in Tabellen und Broschüren geschrieben steht. Trotz aller Mühe verschmäht die Zweijährige einfach grundsätzlich alles mit Reis, isst bei Tisch nur Spatzenportionen und verlangt dafür zu unmöglichen Zeiten »Toffelsuppe«. Wie reagiert man da richtig? Soll man jedem Wunsch nachgeben? Mäkligen Essern nur noch Spaghetti mit Butter machen? Zusehen, wie das Kind regelmäßig nach einem kleinen Bissen streikt? Es einfach so lang sitzen lassen, bis Kartoffelbrei und Blumenkohl aufgegessen sind? Oft scheitern die guten Vorsätze für gesunde Kinderernährung schlicht im Familienalltag.

Natürlich soll niemand seine Erziehungsprinzipien über Bord werfen. Aber es scheint so zu sein, dass Eltern, die beim Essen gelassen bleiben, weiterkommen. Es gibt Studien, die belegen, dass Kinder, die erst ihren Spinat aufessen mussten, ehe sie zum Kuchen

SPIELE FÜR DEN GESCHMACKSSINN

- **Futterzeit im Vogelnest:** Für dieses Spiel brauchen Sie mehrere Schüsselchen und darin Lebensmittel in kleinen Stücken, z. B. Äpfel, Apfelsinen, Möhren, Brot, Wurst, Käse. Ihr Kind sitzt auf dem Schoß und spielt blindes Vogelkind. Sie sind die Vogelmutter. Ihre Hand kommt angeflogen und Sie stecken Ihrem Kind ein Stückchen in den Mund. Es soll schmecken, kauen, runterschlucken. Dann darf es die Augen öffnen und auf das richtige Schüsselchen zeigen. Dann werden die Rollen getauscht.
- **Das Auge isst mit:** Sie kochen Vanillepudding und teilen ihn in zwei Portionen. Die eine Hälfte wird mit Lebensmittelfarbe grell eingefärbt. Dann darf Ihr Kind von beiden Hälften probieren. Von welchem Pudding will Ihr Kind mehr essen?
- **Hokuspokus:** Sie zeigen Ihrem Kind, was sich zum Beispiel aus einem Apfel alles zaubern lässt: Scheiben, Schnitze, Ringe, Mus oder sogar Saft. So lernt Ihr Kind, wie ein Lebensmittel Form und Geschmack verändern kann.
- **Laut und leise:** Hier spielen die Ohren mit. Sie brauchen: Banane, Apfel, Möhren, Zwieback und Knäckebrot. Dann lassen Sie Ihr Kind testen, welches das lauteste und welches das leiseste Lebensmittel ist. Dabei lernen Kinder, dass es großen Spaß macht, ganz bewusst zu kauen.

greifen durften, prompt eine Abneigung gegen Gemüse entwickelten. Oder dass Kinder, die mit Süßigkeiten zu Hause kurz gehalten wurden, wenn sie zwischen verschiedenen Speisen wählen konnten, wesentlich häufiger zu Bonbons griffen als Kinder, die immer freien Zugang zu Naschereien hatten. Kinder scheinen ein Gespür dafür zu haben, was sie gerade brauchen, und dieses natürliche Gefühl sollten wir ihnen nicht abtrainieren.

Selbst wenn Kinder wochenlang nur »Nudeln mit ohne alles« essen, werden sie laut amerikanischer Studien nicht krank oder nehmen ab. Eine Mangelernährung müssen Eltern also nicht fürchten. Diese Erkenntnis ändert dennoch nichts an der Richtigkeit von Ernährungsempfehlungen – es bleibt dabei: Gesundes Essen basiert auf einem ausgewogenen Verhältnis von reichlich Obst, Gemüse und guten Kohlenhydraten, mäßigem Genuss von Fisch und Fleisch, sparsamem Einsatz von Fett und Zuckerhaltigem.

Die Gefahr allerdings, dass wir ihnen unsere Vorstellungen von richtigem Essen aufdrängen, besteht von Anfang an. Es wäre gut, wenn man bereits in den ersten Wochen sehr genau auf die Signale achtet, die das Kind aussendet. Ein Baby, das Hunger hat, schmatzt, es öffnet seinen Mund, fixiert Essbares mit den Augen, macht Saugbewegungen. Hat es genug, dreht es den Kopf weg, presst die Lippen zusammen, beginnt, sich mit anderen Dingen zu beschäftigen. Ihm dann noch etwas aufzwingen zu wollen hat wenig Sinn. Wenn Kinder nämlich mit dem Gefüttertwerden statt liebevoller Zuwendung Schimpfen und Zwang verbinden, sind Essstörungen vorprogrammiert, sagt Professor Marguerite Dunitz-Scheer, Kinderärztin am Universitätsklinikum Graz und Präsidentin der GAIMH (Deutschsprachige Gesellschaft zur Förderung der Seelischen Gesundheit in der frühen Kindheit). In den ersten zwei Lebensjahren hält sie die Vorstellung

MIT DEM BABY AUF REISEN

- Im Auto werden viele Kinder von Übelkeit geplagt: Durch das Dauergeschaukel wird ihnen schlecht, weil die Augen dem Gehirn »Ruhe« signalisieren, das Gleichgewichtsorgan aber eine andere Botschaft empfängt. Neben lockerer Kleidung, viel Frischluft und guter Sicht nach draußen ist auch die Ernährung wichtig: Der Magen darf weder ganz leer noch zu voll sein. Gut sind Brot oder Nudeln, kleine Obstportionen. Fettes Essen empfiehlt sich nicht. Das Kind sollte viel trinken, möglichst nichts Kohlensäurehaltiges, am besten Tee mit Ingwer.
- Im Flugzeug helfen kleine Knabbereien bzw. Kaugummi, um die Druckunterschiede bei Start und Landung besser zu bewältigen. Wer ein Baby mit dabeihat, sollte die Babynahrung nicht vergessen. Wasser fürs Fläschchen gibt es an Bord.
- Am Urlaubsort dürfen Kinder ruhig alles probieren. Ausnahme: In sehr heißen Ländern sollte man auf Salate, aufgeschnittenes Obst und nicht pasteurisierte Milchprodukte, Eiswürfel und Kaltgetränke verzichten. Fleisch sollte durchgebraten sein, Wasser abgekocht bzw. aus der Flasche. Und wenn Sie Früchte und Gemüse kaufen, müssen sie gründlich gewaschen und geschält werden.

der Erwachsenen von regelmäßigen Mahlzeiten sogar für fehl am Platz. Babys und Kleinkinder kämen besser zurecht, wenn man auf ihren eigenen Hunger-Sättigungs-Rhythmus achten und ihnen nach Bedarf mehrere kleine Mahlzeiten am Tag anbieten würde. Andererseits werden die Weichen für ein gesundes Essverhalten schon recht früh gestellt, daher können Eltern auch versuchen, einen Essrhythmus für das Baby zu finden, der ihm bekommt und der dann eingehalten wird. Auf lange Sicht haben sich fünf Mahlzeiten pro Tag am besten bewährt (siehe auch Seite 43).

Der beste Umgang mit Süßigkeiten

Natürlich muss oder kann der perfekte Nährstoffmix nicht zwangsläufig jeden Tag erzielt werden. Wichtig ist, dass die Bilanz über einen längeren Zeitraum gesehen stimmt. Viele Essensvorlieben von Kindern wechseln – einer Spaghetti-Phase kann eine Joghurt-Phase folgen und dieser wiederum eine Apfel-Phase.

Kinder brauchen auch Süßes für Gehirn und Nervensystem. Daher darf das Baby ab und zu einen Keks knabbern.

Eine Phase scheint jedoch nie zu Ende zu gehen – die Zeit der Süßigkeiten. Hier sollte man bedenken, dass die Vorliebe für Süßes bereits biologisch angelegt ist und Kinder von Natur aus Süßes bevorzugen und auch brauchen. Denn das kindliche Gehirn ist zwingend auf die Zufuhr von Blutzucker angewiesen, der aus Stärke oder Zucker in der Nahrung kommt. Da das Gehirn im Kindesalter viel schneller und früher als der Rest des Körpers wächst, verbraucht das Nervensystem eines Kleinkindes auch mehr Zucker als im späteren Alter. Außerdem wird Süßes vom Körper meist viel schneller verwertet.

Zucker gefährdet jedoch nachweislich die Zähne und gilt als Mineralstoffräuber. Daher sollten Eltern darauf achten, dass ihr Kind nicht den ganzen Tag über immer wieder Süßes isst, damit der Zucker nicht dauerhaft auf den Zahnschmelz einwirkt. Außerdem sollten am besten mineralstoff- und vitaminhaltige Süßungsmittel verwendet werden, wie zum Beispiel Ahorn- oder Agaven-

sirup, Birnendicksaft oder Rohzucker. Wichtig beim Umgang mit Süßem ist auf alle Fälle, dass es nicht als Belohnung eingesetzt wird, denn dadurch wird das Verlangen der Kinder nach Süßigkeiten eher noch gesteigert. Eine zuckerfreie Ernährung ist allerdings unmöglich, sie muss auch nicht sein. Gegen süßen Milchreis ist überhaupt nichts einzuwenden, solange er nicht täglich auf dem Speiseplan steht.

Lieblingsgerichte nicht vergessen

Auf jeden Fall lohnt es sich herauszufinden, welcher Essenstyp das eigene Kind ist, und dies zu akzeptieren. Seinem Kind Bananen aufzuzwingen, nur weil man gehört hat, sie seien so gesund, hält Kinderärztin Dunitz-Scheer für einen Fehler. »Dass alle Kinder wild auf Süßes sind, stimmt eben auch nicht grundsätzlich. Das mag für 80 Prozent der Kinder zutreffen. Aber 20 Prozent lieben eher Pikantes. Es gibt Eineinhalbjährige, denen tut man mit einer Makrele einen größeren Gefallen als mit einem Schokoladenpudding.«

Als gute Strategie für Eltern erweist sich, auf die Vorlieben ihres Kindes Rücksicht zu nehmen. Pizza und Pommes also nicht grundsätzlich zu verbieten, sondern für Ausgleich zu sorgen, wenn es solche weniger empfehlenswerten Mahlzeiten mal gibt. Bekommt ein Kind mittags auf der Kirmes eine fette Bratwurst, kann man ihm zum Abendessen einfach Rohkost oder etwas anderes Vitamin- und Ballaststoffreiches anbieten.

Wer die Essensfavoriten der Kinder nicht ganz vom Speiseplan verbannen will, sollte versuchen, sie zu verbessern. Aus der Pizza wird zum Beispiel eine empfehlenswerte Mahlzeit, wenn man den Teig selbst macht, und zwar am besten aus gesundem Vollkornmehl. Belegt wird sie mit frischen Tomaten, fett- und salzarmem Mozzarella. Und nicht nur mit fetter Salami, sondern mal mit magerem Schinken, mal mit Thunfisch, mal mit einem Gemüse, das dem Kind schmeckt.

Wer sich an offiziellen Empfehlungen orientiert, sollte sich auch nicht in absoluten Grammangaben verlieren. Der kindliche Energie- und Nährstoffbedarf ist einfach zu unterschiedlich. Natürlich irritiert es Eltern, wenn der Nachbarsjunge doppelt so viel isst wie das eigene Kind – obwohl beide gleich alt sind. Aber auch hier ist Gelassenheit angebracht, denn es gibt Einjährige mit einem

Was hat Mama da in der Hand? Wenn Kinder erleben, wie Eltern sich Zeit nehmen zum Einkaufen und Kochen, werden sie später ebenfalls auf Qualität achten.

Magenvolumen von einem Viertelliter, bei anderen passen nicht einmal 100 Milliliter hinein. Ein Kind mit kleinem Magen ist vielleicht schon nach einem halben Teller Gemüsesuppe satt, während das andere noch einen zweiten Teller schafft.

Am Ende wird es Eltern nur dann gelingen, ihr Kind gut zu ernähren und für gesundes Essen zu interessieren, wenn sie selbst sich ebenfalls gesund ernähren. Kinder müssen sehen, dass sich ihre Eltern Zeit für die Essenszubereitung nehmen. Dass sie am Obststand oder der Gemüsetheke sorgfältig Äpfel aussuchen oder mit der Hand prüfen, wie fest und frisch die Möhren sind. Das Kochen sollte zu Hause ein alltäglicher Vorgang sein, bei dem das Kind zuschauen und nach Kräften mithelfen darf. Erfahren Kinder, dass das Essen nicht nur Nahrungsaufnahme, sondern auch Genuss ist, dass sie nicht einfach abgespeist werden, sondern dass sie mit den Eltern zusammensitzen, reden und lachen können und dabei das Familienessen überwiegend als etwas Schönes erleben, dann müssen sich Eltern um die Gesundheit ihres Nachwuchses gewiss keine Sorgen machen.

Die ersten Obstsorten fürs Baby

Das Baby verdreifacht im ersten Lebensjahr sein Gewicht. Damit es in so kurzer Zeit so schnell wachsen kann, muss sein kleiner Körper optimal mit Vitalstoffen versorgt werden. Der kindliche Stoffwechsel benötigt eine große Menge lebenswichtiger Vitamine, Mineralstoffe, Fettsäuren, Ballaststoffe und Enzyme, um reibungslos funktionieren und diese Wachstumsleistung vollbringen zu können. Aus diesem Grund sollten etwa ab dem sechsten Lebensmonat Obst und Gemüse nach und nach als Beikost eingeführt werden. Dabei empfiehlt es sich, auf Früchte aus biologischem Anbau zurückzugreifen, da sie keine Schadstoffe enthalten. Zunächst sollten Eltern dem Baby eine Woche lang zum Beispiel nur Möhrenpüree füttern, um zu sehen, ob es das jeweilige Gemüse oder Obst auch verträgt, bevor sie ihm andere Früchte und Gemüsesorten anbieten.

Äpfel · AB DEM 5. MONAT

Süße und milde Apfelsorten wie Jonagold oder Idared eignen sich besonders für die Babyernährung – meist ist ein wenig frisch geriebener Apfel Babys erste Rohkost. Äpfel sind wichtige Vitaminlieferanten, vor allem im Winter. Sie liefern viel Eisen, Pektine, Phosphor und Vitamin C. Aufgrund ihrer Inhaltsstoffe wirken Äpfel entzündungshemmend und schleimlösend, fein gerieben können sie gegen Durchfall helfen. Ungesüßtes Apfelkompott oder Apfelmus kann unter den Babybrei gerührt werden und mit Apfelsaft lassen sich Getreid breie verdünnen und abschmecken. Auch der Sa sollte möglichst ohne Zuckerzusätze hergestellt sei

Aprikosen · AB DEM 7. MONAT

Aprikosen kann man frisch oder als Trockenfrüchte dem Baby füttern. Vor dem Verzehr sollte man die frischen Früchte mit heißem Wasser überbrühen und ihre Haut abziehen. Getrocknete Aprikosen müssen etwa 12 Stunden in Wasser eingeweicht werden. Aprikosen enthalten reichlich Betacarotin, Kalzium, Eisen und Phosphor. Sie rege die Blutbildung an. Gekocht kann man sie zu Mu pürieren und als Kompott oder auch Marmelade f die Babyernährung verwenden.

Bananen · AB DEM 5. MONAT

Die gelben Tropenfrüchte sind in der Babykost se beliebt. Sind sie reif, schmecken sie herrlich süß. D sie sich so leicht zerdrücken lassen, kann man s dem Baby gut unter den Brei mischen oder auch pu füttern. In Bananen finden sich neben Pektin, Kaliu und Folsäure eine ganze Menge Vitamine, Minera stoffe und Spurenelemente. Bananen helfen b Darmproblemen und Blähungen. Kinderärzte behan deln kleine Patienten, die an Zöliakie leiden, sogar m einer Bananen-Diät. Da die Früchte sehr empfindlic sind, werden sie stets mit Konservierungsmitteln b

ɪndelt. Daher sollte man zur Vorsicht nach dem chälen die Enden der Frucht jeweils abschneiden ɪd nicht unter den Babybrei mischen.

irnen · AB DEM 6. MONAT

as mild-aromatische Fruchtfleisch wird von den eisten Babys gern gegessen. Birnen sind sehr saf- g und leicht verdaulich. Sie wirken wachstums- und utbildend. Sie sind wahre Ballaststoffpakete und fern reichlich Folsäure, Kalium und Vitamin C. Für e Babykost sollten nur reife und weiche Früchte rwendet werden, denn unreife rohe Birnen können arke Bauchschmerzen verursachen. Da Birnen hnell verderben, werden sie oft besonders stark it Pestiziden behandelt, daher sollte man für die abyernährung möglichst Bio-Obst wählen.

imbeeren · AB DEM 10. MONAT

a sie ein feines Aroma haben, sich sehr gut pürie- n lassen und dem Babybrei eine schöne Farbe ver- hen, sind Himbeeren sehr beliebt. Allerdings ent- lten sie kleine Kernchen, die das Baby am Anfang öglicherweise wieder aus dem Mund befördert, lange sie ungewohnt sind. Andererseits regen die Kernchen Babys Verdauung an. Frische Himbeeren liefern eine Menge Vitamin C. Und die in ihnen enthaltenen Mineralstoffe – Kalium, Eisen, Magnesium – unterstützen die Knochenbildung und kurbeln den Stoffwechsel an. Himbeeren wirken aufgrund ihrer Säuren und Farbstoffe entzündungshemmend, entgiftend und fiebersenkend. Am besten werden sie kurz mit kaltem Wasser abgebraust und danach für das Baby mit der Gabel klein gedrückt.

Mandarinen · AB DEM 12. MONAT

Da Mandarinen weniger Säure und mehr Zucker als die meisten anderen Zitrusfrüchte enthalten, können sie gut ab und zu auf Babys Teller landen, vorausgesetzt, es besteht keine Allergiegefahr. Mandarinen sind äußerst Vitamin-C-haltig, ihre Häutchen und Fasern liefern reichlich wertvolles Pektin. Man kann sie klein geschnitten unter den Obstsalat oder den Babybrei mischen oder auch frisch als Zwischenmahlzeit füttern. Allerdings nicht zu oft, da die Säure einen wunden Po verursachen kann.

Melonen · AB DEM 8. MONAT

Wassermelonen bestehen zu über 90 Prozent aus Wasser und sind daher gute Durstlöscher – auch schon für Babys. Da ihr Fruchtfleisch recht weich ist, kann das Kleinkind Melonen schon ab dem achten Monat sehr gut essen, selbst wenn es noch nicht viele Zähne hat. Auch Zuckermelonen sind für Babys geeignet. Sie liefern viel Calcium, Kalium, Magnesium und eine Menge Betacarotin sowie Vitamin C.

Die ersten Gemüsesorten fürs Baby

Fenchel · AB DEM 7. MONAT

Der zarte Gemüsefenchel ist gedünstet und püriert ein ideales Beikostgemüse fürs Baby. Der leicht süßlich-bittere Geschmack seiner Knollen passt gut zu anderen Gemüsesorten. Das Kochwasser am besten nicht wegschütten, sondern zumindest teilweise mitpürieren, um die wertvollen Nährstoffe wie Carotinoide, Vitamin C, B-Vitamine, Kalium, Kalzium, Phosphor und Eisen zu erhalten. Die ätherischen Öle von Fenchel wirken durchblutungsfördernd, keimtötend und magenberuhigend. Fenchel sollte zusammen mit ein wenig Fett genossen werden, damit der Körper die Nährstoffe aufnehmen kann. Fencheltee wirkt verdauungsfördernd und beruhigend und kann dem Baby von Anfang an gegeben werden.

Gurke · AB DEM 10. MONAT

Gurkenscheibchen mögen die meisten Kleinkinder, da sie weich, saftig und angenehm mild schmecken. Allerdings werden Gurken oft chemisch behandelt, sodass für Kinder nur Gurken aus biologischem Anbau infrage kommen. Aber auch diese sollten vor dem Verzehr gründlich gewaschen werden. Gurken sind aufgrund ihres hohen Wassergehalts ideale Durstlöscher – dazu mit vielen wertvollen Mineralstoffen wie Kalium und Magnesium ausgestattet. Da vor allem in der Schale Betacarotin und Vitamin C stecken, sollte man sie am besten ungeschält essen. Äußerlic angewandt können Gurken auch bei Hautausschlä gen und Ekzemen Linderung verschaffen.

Kartoffeln · AB DEM 6. MONAT

Da Kartoffeln leicht verdaulich sind, eignen sie sich gut als erste Beikost fürs Baby. Die Knollen liefern hochwertiges Eiweiß, ungesättigte Fettsäuren, Mineralstoffe wie Kalium un Magnesium, Spurenelemente wie Eisen, Fluori Kupfer und Zink sowie Vitamin A, B1, B6 und C. D Nährstoffe der Kartoffel bleiben besonders gut erha ten, wenn sie als Pellkartoffel mit der Schale gege sen wird – das kann das Kleinkind erst ab etw 18 Monaten. Grüne Stellen und Keime an Kartoffe sind giftig und müssen weggeschnitten werden.

Kürbis · AB DEM 6. MONAT

Da Kürbis keine Säure enthält und dadurch b sonders reiz- und allergenarm ist, kann er dem Bab schon früh als Püree oder klein geschnittenes Gem se gefüttert werden. In Kürbissen steckt nicht n eine Menge Betacarotin, sondern auch Vitamin B-Vitamine, Natrium, Kalium, Magnesium, Kalziu Eisen, Phosphor und Kieselsäure. Vor allem der Ho kaido-Kürbis mit seinem stark orangefarbenen u aromatischen Fruchtfleisch, aber auch der milde Bu ternut-Kürbis eignet sich für die Babyernährung.

öhren · AB DEM 5. MONAT

elbe Rüben oder Karotten schmecken leicht süß d werden von den meisten Babys gut vertragen, her verwendet man sie gern als Anfangsgemüse. e liefern eine Menge Betacarotin, eine Vorstufe des tamin A, das die Augen, die Haut und die Schleimute schützt. Da Betacarotin fettlöslich ist, sollte an dem Baby das Möhrengemüse immer zusamen mit etwas Öl oder Butter füttern. Möhren entlten außerdem viele Mineralstoffe und Spurenemente wie Kalium, Kieselsäure, Kupfer, Jod, Phosor und Eisen. Kinder mit Neurodermitis können weilen allergisch auf Möhren reagieren. Wenn Sie rem Kind ein Stückchen geschälte Möhre zum abbern geben, lassen Sie es nicht allein, damit Sie ngreifen können, falls es sich verschluckt.

ellerie · AB DEM 10. MONAT

nolle oder Stange, beides hat eine starke Würzkraft d sollte dem Baby anfangs nur in kleinen Mengen füttert werden. Vorsicht: Sellerie hat allergenes Ponzial! Aufgrund seis hohen Kalziumhalts kräftigt das emüse Zähne und nochen. Besonders die ünen Blätter der Knolle nd vitamin- und mineralffreich. Sellerie eignet ch gut als Suppenmüse zusammen mit öhren und Kartoffeln.

Spinat · AB DEM 10. MONAT

Wird Blattspinat liebevoll zubereitet und nicht zu sehr verkocht, mögen die meisten Kinder dieses Gemüse. Es wirkt wachstumsfördernd und knochenstärkend, schützt die Haut und kräftigt das Immunsystem. Eine ganze Reihe wertvoller Inhaltsstoffe finden sich in den grünen Blättern: unter anderem hochwertiges Eiweiß, Vitamin C, Betacarotin, B-Vitamine, darunter viel Folsäure, Kalium, Natrium, Phosphor, Magnesium, Jod, Schwefel, Eisen und jede Menge Chlorophyll und Enzyme. Wegen des hohen Nitratgehalts sollte Spinat am besten aus biologischem Anbau stammen. Er darf nicht aufgewärmt werden, da sich dann Nitrat in schädliches Nitrit umwandeln kann. Für die Babykost ist es ratsam, das Gemüse zu pürieren oder sehr klein zu hacken.

Zucchini · AB DEM 7. MONAT

Zucchini sind das ganze Jahr über erhältlich. Gedünstet oder als Puffer gebraten mögen die meisten Kinder dieses milde Gemüse. Da man es am besten mit der Schale isst, sollte es biologisch angebaut sein. Zucchini liefern viel Betacarotin, Vitamin C und Folsäure, außerdem Kalium, Kalzium, Phosphor und Zink sowie Schleim- und Bitterstoffe. Dadurch regen sie die Darmtätigkeit an und stärken das Immunsystem. Schon ab dem siebten Monat können Zucchini unter den Gemüsebrei fürs Baby gemischt werden.

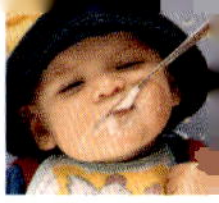

Allergien – Essen als Risiko?

Eine ausgewogene Ernährung liefert normalerweise alles, was das Kind zum Wachsen braucht. Nur: Manchmal reicht das nicht. Zum Beispiel, wenn eine Allergie festgestellt wird. Oder wenn das Kind durch einen Infekt geschwächt ist. Zunehmend will uns auch die Industrie weismachen, normale Lebensmittel seien nicht gut genug, und preist spezielle Kinderprodukte an – angereichert mit diversen Zusatzstoffen für eine Extraportion Gesundheit.

Was für ein gesundes Kind gut ist, kann einem kranken Kind gewaltige Bauchschmerzen bereiten. Kohl oder ein hart gekochtes Ei zum Beispiel ist vitamin- beziehungsweise proteinreiche Kost – bei einem fiebrigen Infekt aber nicht gerade die perfekte Diät. Denn alles, was sich nicht so leicht verdauen lässt, belastet den Organismus im Krankheitsfall besonders stark. Ein anderes Beispiel: Kalziumreiche Milch gehört zwar zu einer ausgewogenen Ernährung, doch bei allergischem Asthma kann das in ihr enthaltene Eiweiß unter Umständen lebensbedrohliche Reaktionen hervorrufen. Eine milchfreie Diät ist dann unumgänglich. Mit anderen Worten: Besondere Situationen erfordern besonderes Essen.

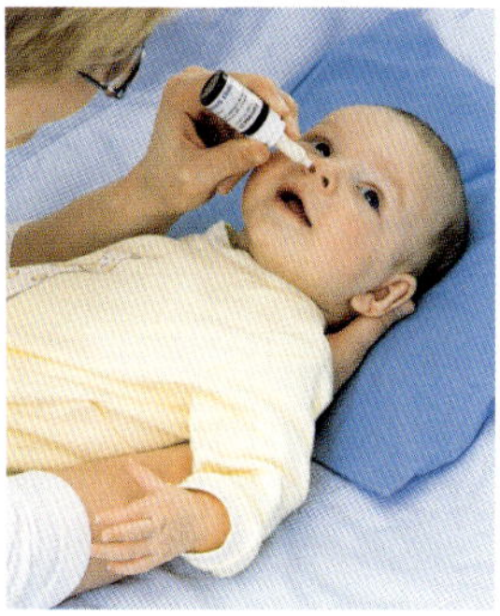

Immer mehr Babys leiden bereits unter Allergien. Muttermilch und eine besondere Ernährung sind die beste Vorbeugung.

Das Problem ist, dass einige dieser Anlässe ihre Besonderheit mittlerweile verloren haben. Denn Allergien werden immer mehr zur Normalität. Aktuellen Schätzungen zufolge leiden hierzulande schon zehn bis 15 Prozent aller Vorschulkinder unter Neurodermitis und kaum weniger unter allergischem Asthma – und nicht selten sind Nahrungsmittel die Auslöser.

Weil heute bekannt ist, dass Allergien vererbt werden, lastet auf den betroffenen Eltern eine besondere Verantwortung: Ist ein Elternteil oder ein Geschwisterkind allergisch, bekommt das Kind mit etwa 30-prozentiger Wahrscheinlichkeit ebenfalls eine Allergie. Leiden beide Elternteile unter Heuschnupfen, Neurodermitis oder Asthma, steigt das Risiko schon auf 50 Prozent. Klar ist, dass diese Mütter und Väter natürlich alles tun wollen, um zu verhindern, dass ihr Kind in Zukunft ebenfalls unter Allergien zu leiden hat.

Manche Frau denkt schon in der Schwangerschaft daran, Vorsorge zu treffen. Schließlich nimmt das Ungeborene über das Fruchtwasser in geringen Mengen auch potenzielle Allergene auf. Wäre es da nicht konsequent, wenn die Mutter auf Lebensmittel mit allergenem Potenzial wie zum Beispiel Fisch, Nüsse oder Hühnerei verzichtet? Kinderärzte warnen dringend vor einer solchen »Eliminationsdiät«, da sie beim ungeborenen Baby zu Mangelversorgung führen kann. Schwangere sollten daher möglichst alles essen, was sie vertragen und was ihnen schmeckt – natürlich möglichst ausgewogen, mit ausreichend frischem Obst und Gemüse.

Die beste Vorbeugung: Muttermilch

Wer sein Baby sechs Monate lang voll stillt, gibt ihm nicht nur viel körperliche Wärme und optimalen Schutz vor Infektionskrankheiten, sondern beugt nachweislich auch Allergien vor. Die Gründe: Muttermilch enthält nur sehr geringe Spuren allergieauslösender Proteine, ist für das noch ungereifte Verdauungssystem des Säuglings am leichtesten zu vertragen, fördert gleichzeitig die Ausbildung der Darmschleimhaut und hemmt so den Übertritt von körperfremden, allergiegefährlichen Eiweißstoffen.

Obwohl man weiß, dass Allergene aus der Nahrung der Mutter in die Milch übergehen können, raten Ärzte trotzdem von einer Diät für Mütter von Risikokindern ab. Denn inwieweit die Allergiebereitschaft des Babys durch die Ernährung der Mutter tatsächlich gefördert wird, kann bisher nicht eindeutig nachgewiesen werden. Würde die stillende Mutter keine Milch mehr trinken, keinen Fisch und keine Eier mehr essen, bestünde außerdem die Gefahr, dass sie und ihr Baby nicht ausreichend mit Nährstoffen versorgt werden. Eine Ausnahme gibt es: Wenn beim Säugling schon eine Allergie vorhanden ist und zum Beispiel Magen-Darm-Beschwerden auftreten, nachdem die Mutter Kuhmilch getrunken hat. In diesem Fall empfiehlt es sich, die Kuhmilch wegzulassen. Aber auch dies bespricht man am besten mit einem Allergologen.

In den vergangenen Jahren gab es Studien, die den Nutzen des Stillens in ganz bestimmten Fällen anzweifelten. Die Untersuchungen aus Finnland kamen zu dem Schluss: Wenn das Baby früh eine schwere Neurodermitis entwickelt oder wenn die Mutter selbst Asthma hat, kann langes Stillen die Allergiebereitschaft erhöhen.

»Den betroffenen Müttern deshalb zu raten, nicht oder nur kurz zu stillen, halte ich dennoch für falsch«, sagt Dr. Susanne Lau, Kinderärztin und Allergologin in der Kinderklinik des Charité-Virchow-Klinikums Berlin und Mitarbeiterin des Präventionsnetzes PINA e.V. »Muttermilch hat unabhängig von der Allergiediskussion so viele Vorteile, dass auch die Risikokinder unter dem Strich noch davon profitieren.«

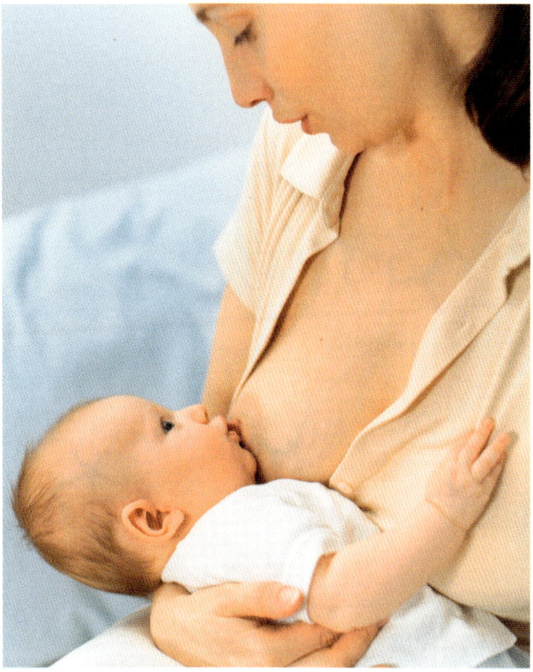

Auch wenn die Mutter selbst eine Allergie hat, kann ihr Baby von der Muttermilch profitieren.

Und wenn es mit dem Stillen nicht klappt? Dann sollten Babys, die ein familiäres Allergierisiko haben, im ersten Lebenshalbjahr ausschließlich hypoallergene Babynahrung (HA-Milch) bekommen (siehe auch Seite 28). In der Regel reichen schwach hydrolisierte Produkte. Wie die groß angelegte GINI-Studie (German Infant Nutritional Intervention Program) zeigte, werden allerdings Säuglinge aus Neurodermitisfamilien besser durch stark hydrolisierte Babynahrung geschützt. Bei den starken Hydrolysaten wurden die Kuhmilcheiweiße extrem zerkleinert. Wenn ein nicht gestillter Säugling bereits unter einer Kuhmilchallergie leidet, ist das starke Hydrolysat sogar zwingend.

Sojanahrung übrigens eignet sich – anders als man bisher annahm – nicht zur Allergievorbeugung. Der pflanzliche Grundstoff besitzt ein ähnlich hohes allergenes Potenzial wie Kuhmilch. Daher sollte Sojamilch nur im Einzelfall und nach Absprache mit dem Arzt gefüttert werden.

Die Tabus im ersten Lebensjahr

Vor dem sechsten Monat sollten gerade allergiegefährdete Babys keine Breikost bekommen. Danach darf der Speiseplan langsam erweitert werden. So lassen sich eventuell auftretende Allergien oder Unverträglichkeiten gleich erkennen. Zu groß sollte die Abwechslung aber auf keinen Fall sein. Kinder im ersten Lebensjahr brauchen nur vier, fünf verschiedene Nahrungsmittel, zu viele Inhalts- und Geschmacksstoffe würden den kindlichen Darm überfordern. Kartoffeln, Brokkoli, Kürbis, Blumenkohl, Zucchini, Möhren und

Pastinaken sind arm an Allergenen und daher gut verträglich. In verarbeitetem Zustand enthalten auch Birne, Apfel und Banane wenige Allergieauslöser. Welche Lebensmittel dagegen bei gefährdeten Kindern bis zum ersten Geburtstag vollkommen ausgeklammert bleiben sollten, sind unter anderem Fisch, Hühnerei und Nüsse (siehe Kasten rechts). Die darin enthaltenen pflanzlichen oder tierischen Eiweiße können durch die noch durchlässige Darmschleimhaut des Babys gehen und rufen dadurch das Immunsystem auf den Plan. Dieses reagiert überschießend und bildet Antikörper, die gegen das Fremdeiweiß rebellieren. Auch Kuhmilch und Weizen sind bekannte Allergieauslöser, dürfen aber neuesten Studien zufolge doch schon ab dem sechsten Monat eingeführt werden, allerdings langsam und zunächst in ganz kleinen Mengen.

Zeigt das Kind keine allergischen Symptome, darf es nach seinem ersten Geburtstag alles probieren, worauf es Lust hat.

Eltern, die Brei im Gläschen kaufen, haben es seit Ende 2005 leichter: Besonders allergieverdächtige Zutaten sind auf der Verpackung gekennzeichnet, unter anderem: Hühnerei, Fisch, Erdnüsse, Krebstiere, Kuhmilch, Laktose. Nach dem ersten Geburtstag kann grundsätzlich alles auf dem Speiseplan stehen – vorausgesetzt, das Kind zeigt keine allergischen Symptome. Dann ist Allergen-Vermeidung natürlich das oberste Gebot. Leider fällt die Diagnose nicht immer leicht. Manchmal lässt sich das verantwortliche Lebensmittel nur durch langwierige Auslassversuche finden. Dies sollte man allerdings nicht auf eigene Faust unternehmen, sondern nur nach Absprache mit dem Kinderarzt.

Allergie oder Unverträglichkeit?

Obstcreme, Fischfilet, Erdbeeren mit Sahne – die Zeit kulinarischer Premieren beginnt für das Baby nach seinem ersten Geburtstag. Jetzt darf das Kind alles probieren, was die Großen essen und worauf es Lust hat. Auch wenn die Eltern wissen, dass ihr Kind nicht allergiegefährdet ist, sollten sie beobachten, ob ihr Kind das, was es isst, auch wirklich verträgt. Aufpassen heißt es, wenn das Baby

häufig Durchfall hat, über Bauchweh klagt oder erbricht; wenn es Hautrötungen und Pickel bekommt oder Ausschlag in den Gelenkbeugen; wenn es unter Schwellungen im Mund oder im Rachenbereich leidet. Mit einigen dieser Symptome kann sich eine Allergie ankündigen, es kann aber auch eine Nahrungsmittelunverträglichkeit dahinterstecken. Auf Anhieb lässt sich das nicht unterscheiden. Von Allergie spricht man immer dann, wenn eine Sensibilisierung des Immunsystems vorliegt. Die körpereigenen Abwehrmechanismen wenden sich gegen das betreffende Nahrungsmittel. Oft, aber nicht immer, lassen sich dann (durch einen Allergietest beim Arzt) IgE-Antikörper im Blut nachweisen.

Als Unverträglichkeit oder Intoleranz bezeichnen die Ärzte dagegen alle Reaktionen, die nicht durch das Immunsystem vermittelt werden. Für das Kind selbst mag dies zunächst keinen Unterschied machen. Aber eine Unverträglichkeit ist wenigstens keine Vorstufe zu weiteren Allergien. Zu den häufigsten Unverträglichkeiten gehören die Zöliakie und die Laktoseintoleranz.

IM ERSTEN JAHR NICHT ZU EMPFEHLEN:

- **Rohmilch und Rohmilchprodukte sowie Honig**, da sie Krankheiten auslösen können.
- **Erdbeeren und Zitrusfrüchte**, weil sie großes allergenes Potenzial besitzen.
- **Mango/Papaya, Spinat und Mangold**, denn sie sind oft stark nitratbelastet.
- **Sojaprodukte**, da sie Allergien auslösen können und zuweilen genmanipuliert sind.
- **Hühnerei**, da Kinder häufig sowohl das Eiweiß als auch das Eigelb nicht vertragen.
- **Fisch**, da das kindliche Immunsystem auf das Fremdeiweiß häufig übersensibel reagiert.
- **Nüsse**, weil sie Eiweiße enthalten, gegen die oft Antikörper gebildet werden.

Bei der Zöliakie wird das Getreideeiweiß Gluten, das unter anderem in Weizen, Gerste, Roggen und Hafer vorkommt, nicht vertragen. Kinder, die darunter leiden, dürfen also keine glutenhaltigen Getreideprodukte mehr bekommen. Alternativrezepte und eine Liste glutenfreier Produkte kann man bei der Deutschen Zöliakie Gesellschaft (www.dzg-online.de, Tel. 07 11/45 99 81-0) erhalten.

Bekommt ein Kind jedes Mal, wenn es Kuhmilch getrunken hat, Durchfall oder Bauchweh, kann sich dahinter ein Laktasemangel verbergen. Laktase ist ein Enzym im Dünndarm, das für die Verdauung des Milchzuckers (Laktose) nötig ist. Auch diese Unverträglichkeit stellt die Eltern vor eine große Herausforderung, denn Milchzucker findet sich nicht nur in der Milch aus der Flasche, sondern auch in Joghurt, Käse, Brötchen und Kuchen, vielen Teigwaren, Würstchen und sogar in Nussnougatcreme.

Am besten lässt sich erkennen, ob eine Allergie oder eine Unverträglichkeit vorliegt, wenn die Eltern ein so genanntes Esstagebuch

für ihr Kind führen. Darin sollten alle Probleme notiert werden, die nach dem Genuss bestimmter Speisen auftreten. Welche Lebensmittel welche Beschwerden hervorrufen und in welchem zeitlichen Abstand Bauchschmerzen oder Erbrechen aufgetreten sind. Damit kann man dem Kinderarzt die Diagnose wesentlich erleichtern.

FALLS IHR BABY ALLERGIEGEFÄHRDET IST...

- ...sollten Sie ihm möglichst spät (also erst im siebten Monat) neue Lebensmittel füttern, da sein Darm noch unausgereift und sehr empfindlich ist.
- ...sollte jedes neue Lebensmittel zunächst eine Woche lang getestet werden, bevor ein neues hinzukommt. So haben Sie genügend Zeit zu beobachten, wie Ihr Kind darauf reagiert.
- ...sollten Sie Ihrem Baby zunächst nur Lebensmittel geben, die erfahrungsgemäß allergenarm sind, dazu zählen: Fenchel, Brokkoli, Kartoffeln, Zucchini, Kohlrabi, Blumenkohl, Reis- und Maisflocken, Äpfel, Bananen, Birnen und Aprikosen.
- ...empfiehlt es sich besonders am Anfang, dem Baby nur gedünstetes Obst und Gemüse zu füttern, da rohe Kost schneller Allergien auslöst.
- ...sollten Sie, wenn Sie Gläschen verwenden, die vom Hersteller mit einem »A« gekennzeichneten wählen, da sie keine Zusatzstoffe und nur allergenarme Nahrungsmittel enthalten.
- ...ist es ratsam, so genannte Allerleimischungen erst zu verwenden, nachdem die einzelnen Lebensmittel getestet wurden.

Die Rotationsdiät

Im Falle einer drohenden oder bereits festgestellten Allergie sowie einer Unverträglichkeit hat sich die so genannte Wechsel- oder Rotationsdiät bestens bewährt. Mithilfe dieser Diät kann man sowohl Allergien und Unverträglichkeiten vorbeugen als auch das gegenüber bestimmten Nahrungsmitteln bereits sensibilisierte Immunsystem des Kindes stärken. Das Prinzip der Diät ist nicht besonders kompliziert und lässt sich daher ohne große Probleme von den Eltern durchführen, möglichst nach Absprache mit dem Kinderarzt. Zwei hauptsächliche Punkte sind zu beachten: Man sollte frühestens nach dem ersten Geburtstag des Kindes damit beginnen und nur jeden fünften Tag darf dasselbe Nahrungsmittel auf dem Speiseplan stehen.

Füttert man zum Beispiel am Montag Reis, so sollte er erst wieder nach vier Tagen, also am Freitag, auf den Teller kommen. Dazwischen können dem Kind Gerichte aus Hirse, Dinkel oder Weizen angeboten werden. Ebenso wird mit Gemüse und Obst verfahren. Gibt es am Dienstag Möhren, gekocht oder als Saft, darf das Kind erst am Samstag wieder davon kosten. Auch Tees und Milchprodukte sollten nach diesem Prinzip abwechselnd gefüttert werden, wobei man Tees, die vertragen werden, auch im Zwei-Tage-Rhythmus anbieten kann.

Auf diese Weise kann sich das kindliche Immunsystem immer wieder regenerieren, der Darm wird durch den Rotationszyklus entlastet, da die Allergene in dieser Zeit abgebaut werden. Am bes-

ten machen Eltern sich einen so genannten Essfahrplan und notieren darin vier komplette Tage mit allen Mahlzeiten, Zwischenmahlzeiten und Getränken. Sind die vier Tage um, so beginnt man wieder mit Tag eins. Dabei kann man innerhalb der Mahlzeiten an den verschiedenen Tagen variieren. Gibt es also an Tag eins Reis mit Fenchel, so ist am Tag fünf wieder Reis erlaubt, man kann ihn nun aber auch mit Zucchini kombinieren – Hauptsache, zwischen den einzelnen Lebensmitteln wird ein Abstand von vier Tagen eingehalten.

Leidet ein Kind unter einem Infekt, sollte es nur leichte Kost bekommen. So kann sich der Körper schneller davon erholen.

Ist das kindliche Immunsystem dann stabilisiert und sind die allergischen Symptome wie laufende Nase, Atembeschwerden, Ausschlag oder Durchfall verschwunden, kann mit diesem strengen Diät-Rhythmus aufgehört werden. Es empfiehlt sich allerdings bei allergiegefährdeten Kleinkindern, neue Lebensmittel stets auf diese Weise einzuführen und zu »testen«, um dem Immunsystem die Möglichkeit zu geben, sich langsam an die einzelnen Inhaltsstoffe zu gewöhnen.

Was Kinder essen sollten, wenn sie krank sind

Im Vergleich zu einer drohenden Allergie wirkt eine Erkältung oder ein Magen-Darm-Infekt fast schon wie eine Kleinigkeit. Trotzdem braucht ein Kind, auch wenn es »nur« unter einem Infekt leidet, neben viel Zuwendung auch eine schonende Ernährung. Kranke Kinder mögen es nämlich leicht: Füllt schwere Kost den Magen, fließt viel Blut in den Verdauungstrakt – anstatt Abwehrstoffe zu verstopften Bronchien oder vereiterten Mandeln zu transportieren. Ideal sind deshalb kohlenhydratreiche Mahlzeiten, die nicht blähen, die mit wenig Fett und Zucker auskommen – und das Immunsystem mit Vitaminen und Mineralstoffen stärken. Also: Kartoffelbrei mit Kräutern, Reis mit Gemüse, Nudelsuppe, frisches Obst.

Kinder mit Fieber müssen viel trinken: Zwei Liter Flüssigkeit am Tag sollten es mindestens sein. Die Flüssigkeit unterstützt sämtliche Abwehrreaktionen. Mit ihr werden beim Schwitzen und Wasserlassen die Abbauprodukte aus dem Körper herausgeschwemmt.

Kräuter- und Früchtetees eignen sich gut, Saftschorle oder klare Suppen ersetzen nicht nur Flüssigkeit, sondern auch Mineralstoffe, die durch das Schwitzen verloren gehen. Kinder, die vor Fieber glühen, sollten weitgehend auf Milchprodukte verzichten, da eiweißreiche Kost vom Körper schwerer abgebaut wird und sogar temperaturerhöhend wirkt.

Kranke Kinder brauchen besonders viel Flüssigkeit. Kräutertee, Wasser oder Saftschorle unterstützen sämtliche Abwehrreaktionen des Körpers.

Kinder, die Bauchweh haben, brauchen vor allem Zeit: Bei Magen-Darm-Infekten sind die so genannten Zotten – fingerförmige Zapfen auf der Darmschleimhaut – in Mitleidenschaft gezogen. Und mit ihnen bestimmte Enzyme, die für die Aufspaltung der Nahrung sorgen. Es dauert ein paar Tage, bis sich die Darmschleimhaut regeneriert hat. Bis dahin vertragen die kleinen Patienten am besten Zwieback, geriebenen Apfel, zerdrückte Banane oder Kartoffelsuppe. Besonders gern wird von Kinderärzten Möhrensuppe verordnet. Sie deckt den Energie- und Flüssigkeitsbedarf, ersetzt Mineralstoffe und stopft. Wer sie selbst kochen will: 50 Gramm frische Möhren putzen, schälen, klein schneiden und mit 1 Liter Wasser bei schwacher Hitze 1 Stunde weich kochen. Die Möhren dann mit dem Stabmixer pürieren und durch ein Sieb passieren. Mit abgekochtem Wasser wieder auf 1 Liter auffüllen und die Suppe mit 1/2 Teelöffel Salz würzen.

In der Regel können Eltern darauf vertrauen, dass die Speisen, auf die ihr krankes Kind Lust hat, ihm nicht schaden. Nur die Portionen sollten während und nach einer Krankheit nicht so groß sein. Das Essen und Trinken sollte man lieber auf mehrere kleine Mahlzeiten verteilen.

Wenn Nährstoffe fehlen

Diäten sind freilich nicht nur bei Infekten und Allergien populär. Sie werden immer wieder auch als Heilmittel bei psychischen Auffälligkeiten diskutiert. Bestes Beispiel ist das Aufmerksamkeits-Defizit-Syndrom (ADS). Lange Zeit war die Vermutung populär,

Zucker und Phosphate seien die Hauptschuldigen am so genannten Zappelphilipp-Syndrom. Diese Behauptung ist inzwischen widerlegt, sagt Dr. Dieter Schlamp von der Heckscher Klinik für Kinder- und Jugendpsychiatrie des Bezirks Oberbayern: »Abgesehen davon, wäre eine glukose- und phosphatfreie Diät gar nicht oder nur unter großen Entbehrungen für das Kind durchführbar. Denn beide Stoffe finden sich in fast jedem Nahrungsmittel.«

Bedenkenswerter sind Forschungsergebnisse, die bei einigen ADS-Kindern einen Mangel an bestimmten Nährstoffen festgestellt haben. Für solche Kinder kann eine Nährstofftherapie sinnvoll sein. Allen Eltern eines Träumers oder Zappelphilipps wird empfohlen, auf die nötige Zufuhr von Mineralstoffen (zum Beispiel Zink und Magnesium) und bestimmten Fettsäuren (Omega-3-Fettsäuren vom Typ DHA und AA) zu achten. Spezialdiäten oder teure Tabletten sind dazu in der Regel nicht nötig, denn eine ausgewogene Ernährung mit einer vollwertigen Mischkost, wie es auch das Optimix-Prinzip empfiehlt, stellt dies automatisch sicher (siehe auch Seite 43).

Weil aber in deutschen Haushalten nicht überall ausgewogen und vollwertig gekocht wird und Eltern deshalb durchaus ein schlechtes Gewissen entwickeln, hat es die Food-Industrie leicht. Viele Verbraucher sind für die Botschaft empfänglich, dass es nur ein paar moderner Produkte bedarf, um sich und seinen Nachwuchs gesund zu ernähren.

Was bringt Functional Food?

Im Supermarkt findet man daher immer häufiger Regale voller Kindertees, Kinderpürees, Kinderkekse und Kinderkäse, die allesamt mehr Gesundheit verheißen – durch Vitaminzusätze oder eine Extraportion Kalzium. Tatsächlich sind die Lebensmittel mit dem angeblichen Zusatznutzen, auch »Functional Food« genannt, oft zu süß und zu fett, künstlich aromatisiert, mit überflüssigen Zusatzstoffen versetzt und viel zu teuer. Eltern sollten auch nicht auf die segensreiche Wirkung der zugesetzten Vitamine oder Mineralien hoffen. Bestimmte Vitamine wie B2 und B12 stehen sogar im Verdacht, auf Dauer die Nierenfunktion zu beeinträchtigen. Unkontrollierte Kalziumzufuhr kann gar zu Nierensteinen führen. Wozu eine Überdosis Eisen führt, ist noch nicht hinreichend erforscht.

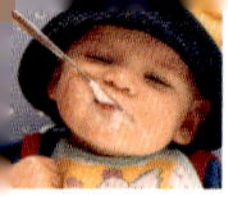

Mit großem Erfolg preist die Food-Industrie seit einigen Jahren eine ganz spezielle Art angereicherter Lebensmittel an: die Probiotika. So dürfen sich Produkte nennen, wenn ihnen lebende Mikroorganismen beigefügt wurden, die sich im Darm ansiedeln können. Es handelt sich dabei um besonders robuste Milchsäurebakterien, die den Weg durch den salzsäurehaltigen Magen überleben und dann im Darm aktiv werden können, indem sie sich an die Darmwand heften und dort einen Schutzschild gegen Krankheitserreger bilden. Dass Probiotika die Darmflora stärken, gilt als gesichert. Ob sie auch den Cholesterinspiegel senken und Darmkrebs vorbeugen können, wird allerdings kontrovers diskutiert. Unterm Strich bleibt fraglich, ob der Nutzen den höheren Preis für die Probiotika wirklich rechtfertigt. Zum einen tritt der positive Effekt für die Darmflora nur dann ein, wenn Eltern ihr Kind täglich probiotischen Joghurt essen lassen. Die darin enthaltenen Keime sind kurzlebig und müssen für eine langfristige Wirkung immer wieder »nachgeschoben« werden. Zum anderen halten es Kritiker für möglich, dass diese Produkte langfristig sogar krank machen können – weil sie auf Dauer nicht nur die Krankheitserreger, sondern auch die körpereigenen harmlosen Bakterien aus dem Darm verdrängen.

Extra mit Vitaminen und Kalzium angereicherte Kinderlebensmittel sind laut Ernährungsexperten vollkommen überflüssig.

Unabhängige Ernährungswissenschaftler sind bis heute von den Wohltaten spezieller Kinderlebensmittel oder Functional Food nicht überzeugt. Denn durch die Anreicherung der Lebensmittel wird häufig nur deren schlechte ernährungsphysiologische Qualität überdeckt. Es gibt lediglich ein angereichertes Lebensmittel, das nach Expertenmeinung in die Küche gehört – und das ist Jodsalz. Jod kommt nämlich außer in Seefisch kaum in unserer Nahrung vor, ist für die Schilddrüsenfunktion aber sehr wichtig. Ansonsten gilt: Was Functional Food verspricht, kann eine abwechslungsreiche und gesunde Ernährung auf alle Fälle leisten – und sogar noch viel mehr, besonders wenn man frische, natürliche Zutaten wählt und die Speisen selbst kocht.

Der Umgang mit genmanipulierten Lebensmitteln

Laut Verbraucherzentrale Hamburg lehnen 70 Prozent der Bevölkerung den Einsatz von Gentechnik bei Lebensmitteln ab. Bis heute ist schließlich nicht bekannt, wie gentechnisch veränderte Organismen (GVO) wirken, ob und wie schädlich sie im Einzelfall sind. Leider kann man sich beim Einkauf nicht immer darauf verlassen, dass gentechnisch bearbeitete Produkte entsprechend gekennzeichnet sind. Der Hinweis »genetisch verändert« kann sich zum Beispiel auf Sojaöl oder Maismehl wiederfinden, allerdings nur im Kleingedruckten der Zutatenliste.

Im April 2004 wurde die europäische Verordnung zur Kennzeichnung von GVO verschärft, doch Lücken weist sie bei tierischen Produkten wie Fleisch, Wurst, Milch, Eiern und Käse auf. So müssen zwar die gentechnisch veränderten Futtermittel gekennzeichnet werden, die Erzeugnisse von Tieren, die solches Futter bekommen haben, dagegen nicht. Auch Zusatzstoffe, Vitamine, Aromen und Enzyme, die durch den Zusatz von GVO hergestellt wurden, unterliegen nicht der Kennzeichnungspflicht. Auf Nummer sicher gehen kann man daher nur mit Lebensmitteln, die den Vermerk »gentechnikfreie Produktion« tragen, und mit Biolebensmitteln.

Eltern, die Babygläschen kaufen, müssen sich in der Regel keine Sorgen machen. Babykosthersteller, Biobauernverbände und Reformwarenhersteller wollen weiterhin auch im Produktionsprozess ganz auf Gentechnik verzichten. Bei Babykost gilt das zum Teil sogar für die in der Tierhaltung verwendeten Arzneimittel. Bei der Verbraucherzentrale Hamburg (www.vzhh.de) können Sie eine Gentechnikliste abrufen, für die mehrere hundert Lebensmittelhersteller zu Verarbeitung von GVO befragt wurden. Auch Greenpeace informiert auf seiner Website (www.greenpeace.org/deutschland) über Produkte und Umgang mit GVO.

WAS BEDEUTEN DIE GROSSEN E'S?

E210, E326, E625 – die Buchstaben-Zahlen-Kombinationen auf der Zutatenliste von Lebensmitteln wirken wie Geheimcodes. Die Kürzel stehen für Zusatzstoffe in unserer Nahrung, die die Hersteller ganz legal verwenden dürfen. Dazu gehören zum Beispiel Konservierungsmittel, die Bakterien und Schimmelpilze bremsen und so die Haltbarkeit verlängern. Oder Farbstoffe, die Lebensmittel bunter und frischer erscheinen lassen. Alle zugelassenen Substanzen gelten als gesundheitlich unbedenklich und werden von den meisten vertragen. Doch wer empfindlich ist, kann von bestimmten Zusatzstoffen Allergien bekommen. Den E's in unserer Nahrung komplett aus dem Weg zu gehen ist fast unmöglich. Wer aber weniger Fertiggerichte und angereicherte Lebensmittel kauft, tut schon eine ganze Menge. Mehr Informationen gibt es in der Broschüre »Was bedeuten die E-Nummern?«. Man kann sie beim Bundesverband der Verbraucherzentralen, Heinrich-Sommer-Straße 13, 59939 Olsberg bestellen (Tel. 0 29 62/90 86 47 oder über versandservice@vzbz.de).

Die besten Rezepte für jeden Tag

Vom ersten Brei bis zum ersten Braten: Mit diesen Rezepten fällt es Ihnen leicht, Ihr Baby gesund und abwechslungsreich zu ernähren.

Brei selbst kochen – so gelingt's leicht

Frische Zutaten sind die beste Voraussetzung für gesunde Gerichte, das gilt auch für den Babybrei. Obst und Gemüse sollte man deshalb nicht lange lagern – sonst verlieren sie ihre wertvollen Nährstoffe. Um sich Arbeit zu ersparen, können Sie jedoch gut auf Vorrat einkaufen und gleich mehrere Portionen eines Obst- oder Gemüsebreis zubereiten. Teilen Sie einfach den ganzen gekochten Brei nach dem Pürieren in Tagesportionen auf und füllen Sie diese in Gläschen oder in Koch-Gefrierbeutel und frieren Sie sie im Tiefkühlfach ein. Im Kühlschrank hält sich vorgekochtes Gemüse oder Obst etwa einen Tag.

Wenn Sie Fleisch zubereiten, kochen Sie es weich, pürieren es oder drehen es durch den Fleischwolf. Danach füllen Sie es in Eiswürfelbehälter oder in Gefrierbeutel. Die Portionen werden sofort schockgefroren, damit sich keine Keime bilden und die Vitamine erhalten bleiben. Da sich Kartoffeln nicht zum Einfrieren eignen, sollten sie stets frisch zubereitet werden. Zum Auftauen wird das Breigläschen über Nacht in den Kühlschrank gestellt. Vor der Mahlzeit wird der Brei im Wasserbad langsam erwärmt. Einmal aufgetauter Brei darf nicht wieder eingefroren oder aufbewahrt werden, sondern muss weggeworfen werden.

Bevor Sie Ihrem Kind den Brei füttern, können Sie ihn mit etwas hochwertigem Pflanzenöl wie Raps-, Maiskeim- oder Sonnenblumenöl, Margarine oder Butter verfeinern. Beachten Sie dabei, dass kaltgepresste Öle zwar wertvoll, doch für Babys im ersten Lebensjahr nicht geeignet sind, da sie Stoffe enthalten, die das Kind noch nicht verträgt. Wählen Sie zum Füttern statt eines Metalllöffels (er ist zu kalt und zu spitz) lieber einen schmalen, flachen Plastiklöffel. Er ist wärmer und fühlt sich in Babys Mund viel besser an.

1. Für einen Obst-Getreide-Brei 2–3 Obstsorten nach Wahl (z. B. Apfel, Banane, Pfirsich) waschen bzw. schälen und klein schneiden. Mit 1–2 EL Haferflocken in einen Topf geben.

4. Den Brei noch heiß in sterilisierte Gläschen füllen und gut verschließen. Die Gläschen kopfüber abkühlen lassen, beschriften und ins Tiefkühlfach stellen.

Etwas Butter und Obstsaft (z. B. Apfel- oder Birnen-
't) dazugeben und alles bei schwacher Hitze etwa
Minuten köcheln lassen, bis das Obst weich ist. Dabei
egentlich umrühren.

3. Den Topf vom Herd nehmen und die Obstmischung mit dem Stabmixer fein pürieren. Falls der Brei noch zu fest sein sollte, zum Verdünnen einfach etwas Wasser unterrühren.

Gläschen über Nacht im Kühlschrank auftauen.
t geschlossenem Deckel in einem Topf im Wasserbad
schwacher Hitze erwärmen.

6. Das Gläschen öffnen und den warmen Obstbrei nach Belieben mit Fett (z. B. 1 TL Zimtbutter), Pflanzenöl oder Mandelmus verfeinern.

Hähnchen mit Petersilienwurzeln

Für 4–5 Portionen • ab dem 6. Monat

1/2 Bund Basilikum · 6 EL Rapsöl
250 g mehlig kochende Kartoffeln
500 g Petersilienwurzeln · 150 g Hähnchenkeule (ohne Knochen) · 100 ml weißer Traubensaft

1. Basilikum waschen und trockenschütteln. Die Blätter abzupfen, mit dem Öl mixen und am besten über Nacht kühl stellen.

2. Kartoffeln und Petersilienwurzeln schälen und in 1 cm große Würfel schneiden. Das Fleisch waschen, trockentupfen und klein schneiden. Gemüse und Fleisch mit dem Traubensaft und 100 ml Wasser zugedeckt 20 Minuten weich dünsten. Dann mit dem Stabmixer pürieren.

3. Das Basilikumöl durch eine Kaffeefiltertüte gießen und jeweils 1 EL vor dem Essen unter den Brei mischen.

Lamm mit Couscous

Für 4–5 Portionen • ab dem 10. Monat

200 ml Kokosmilch · 100 g Instant-Couscous
200 g Knollensellerie · 70 g getrocknete Feigen
50 g Butter · 150 g Lammhackfleisch
1 EL Granatapfelsirup

1. Für den Couscous 200 ml Wasser und 100 ml Kokosmilch zum Kochen bringen. Den Couscous unterrühren und 10 Minuten quellen lassen.

2. Den Sellerie schälen und ebenso wie die Feigen in etwa 1 cm große Würfel schneiden. Die Butter in einer Pfanne zerlassen, Sellerie, Feigen und Lammfleisch darin anbraten.

3. Die restliche Kokosmilch dazugießen und alles zugedeckt 20 Minuten weich dünsten. Den Couscous und den Granatapfelsirup unterrühren und alles mit dem Stabmixer pürieren.

Pute mit Süßkartoffeln

Für 4–5 Portionen • ab dem 5. Monat

500 g Süßkartoffeln · 250 g Möhren
150 g Putenbrustfilet · 50 g Butter
1 Msp. Zimtpulver · 1 EL gehackte Petersilie

1. Die Süßkartoffeln und die Möhren schälen. Das Fleisch waschen und trockentupfen. Gemüse und Putenfleisch in 1 cm große Würfel schneiden.

2. Die Butter in einem Topf zerlassen, die Fleisch- und Gemüsewürfel darin anbraten. 150 ml Wasser dazugießen, den Zimt hinzufügen und alles zugedeckt 20 bis 25 Minuten weich dünsten.

3. Die Petersilie hinzufügen und alles mit dem Stabmixer pürieren.

Kalbfleisch mit Kürbis

Für 4–5 Portionen • ab dem 6. Monat

200 g mehlig kochende Kartoffeln
450 g Butternusskürbis · 150 g Kalbslende
70 g getrocknete Aprikosen · 1 EL Walnussöl
3 EL Rapsöl · 50 ml Apfelsaft

1. Die Kartoffeln und den Kürbis schälen. Den Kürbis entkernen und ebenso wie die Kartoffeln in 1 cm große Würfel schneiden. Das Fleisch und die Aprikosen ebenfalls in Würfel schneiden.

2. Wasser in einem Topf zum Kochen bringen, die vorbereiteten Zutaten in einen passenden Dämpfeinsatz geben und über dem Wasserdampf etwa 20 Minuten weich garen.

3. Beide Ölsorten und den Apfelsaft dazugießen und alles mit dem Stabmixer pürieren. Sollte der Brei zu dick sein, einfach noch etwas Apfelsaft hinzufügen.

Zwetschgenbrei mit Dinkelflocken

Für 1–2 Portionen • ab dem 6. Monat

6 Zwetschgen · 100 ml Birnensaft
100 g Hefezopf · 200 ml Milch
1 EL Dinkelflocken · 1 TL Butter

1. Die Zwetschgen waschen, halbieren, entsteinen und klein schneiden. Mit dem Birnensaft 10 Minuten weich dünsten.

2. Den Hefezopf in kleine Würfel schneiden. Die Milch in einem Topf erwärmen und den Hefezopf darin einweichen.

3. Die Zwetschgen, die Dinkelflocken und die Butter mit dem getränkten Zopf vermischen und mit dem Stabmixer pürieren.

Kokos-Mango-Brei mit Reisflocken

Für 2–3 Portionen • ab dem 7. Monat

1 reife Mango (ca. 400 g)
1 kleine Banane · 100 ml Kokosmilch
1 Msp. Zimtpulver · 3 EL Reisflocken

1. Die Mango schälen, das Fruchtfleisch zuerst in breiten Streifen vom Stein und dann in kleine Stücke schneiden. Die Banane schälen und ebenfalls klein schneiden.

2. Die Kokosmilch mit dem Zimt in einem Topf zum Kochen bringen. Die Reisflocken unterrühren und kurz quellen lassen.

3. Die Mango und die Banane dazugeben und alles mit dem Stabmixer pürieren.

Heidelbeer-Tiramisu mit Zwieback

Für 1–2 Portionen • ab dem 9. Monat

1 EL Sultaninen · 2 Zwiebäcke
100 ml weißer Traubensaft · 100 g Heidelbeeren
1 EL Mascarpone · 2 EL Magerquark

1. Die Sultaninen etwa 1 Stunde in warmem Wasser einweichen und abgießen. Die Zwiebäcke mit dem Traubensaft tränken, bis sie weich werden.

2. Die Heidelbeeren verlesen und waschen, mit den Sultaninen und dem Mascarpone mit dem Stabmixer pürieren. Dann den Quark unterheben.

3. Zuerst den Zwiebackbrei in ein Gläschen schichten, dann die Creme darübergeben. Nach Belieben noch etwas geriebenen Zwieback darüberstreuen.

Mandelmilch mit Aprikosen

Für 1–2 Portionen • ab dem 8. Monat

6 reife Aprikosen · 1 TL Butter
200 ml Mandelmilch · 3 EL Siebenkornflocken
1 Msp. Zimtpulver

1. Die Aprikosen kurz in kochendes Wasser tauchen, kalt abschrecken und häuten. Die Aprikosen halbieren, entsteinen und klein schneiden.

2. Die Butter in einem kleinen Topf zerlassen und die Aprikosen darin mit 4 EL Wasser etwa 5 Minuten weich dünsten.

3. Die Mandelmilch und die Siebenkornflocken zu den Aprikosen geben. Den Zimt hinzufügen, alles einmal aufkochen lassen und mit dem Stabmixer pürieren.

Multivitaminbrei

Für 3–4 Portionen • ab dem 8. Monat

1 süßlicher Apfel (z. B. Jonagold)
1 Pfirsich · 1 kleine Banane
40 g getrocknete Aprikosen
1 EL Feinblatt-Haferflocken
1 TL Butter · 150 ml weißer Traubensaft

1. Den Apfel schälen, entkernen und klein schneiden. Den Pfirsich halbieren, entsteinen und klein schneiden. Die Banane schälen und ebenfalls klein schneiden. Die Aprikosen in Würfel schneiden.

2. Das Obst mit den Haferflocken, der Butter und dem Traubensaft in einem Topf bei schwacher Hitze 5 Minuten köcheln lassen. Alles mit dem Stabmixer pürieren und nach Bedarf mit etwas Wasser verdünnen.

Himbeer-Litschi-Brei

Für 2–3 Portionen • ab dem 10. Monat

10 Himbeeren · 1 kleine Banane
5 Litschis · 2 EL Schmelz-Reisflocken
30 g getrocknete Mangostücke · 1 TL Butter

1. Die Himbeeren verlesen, waschen und trockentupfen. Die Banane schälen und klein schneiden. Die Litschis schälen, entsteinen und ebenfalls klein schneiden.

2. Himbeeren, Banane und Litschis mit den Reisflocken, den Mangostücken, 100 ml Wasser und der Butter bei schwacher Hitze etwa 5 Minuten köcheln lassen. Alles mit dem Stabmixer pürieren und nach Bedarf mit etwas Wasser verdünnen.

Bananen-Avocado-Brei

Für 2–3 Portionen • ab dem 8. Monat

30 g Rosinen · 1 kleine Banane
1 EL Hafer-Schmelzflocken
Mark von 1/2 Vanilleschote · 1/2 reife Avocado

1. Die Rosinen etwa 1 Stunde in warmem Wasser einweichen und abgießen.

2. Die Banane schälen und klein schneiden. Mit den Rosinen, den Haferflocken, dem Vanillemark und 100 ml Wasser bei schwacher Hitze 2 Minuten köcheln lassen.

3. Die Avocado schälen, entsteinen und in Würfel schneiden. In den Brei geben (der Brei sollte nicht mehr kochen) und alles mit dem Stabmixer pürieren.

Birnen-Esskastanien-Brei

Für 3–4 Portionen • ab dem 7. Monat

2 kleine süße Williamsbirnen
6 Esskastanien (frisch oder aus dem Glas)
150 ml Birnensaft · 2 Backpflaumen

1. Die Birnen schälen, entkernen und ebenso wie die Esskastanien klein schneiden.

2. Die Birnen- und Kastanienstücke mit dem Birnensaft und den Backpflaumen in einen Topf geben und bei schwacher Hitze 5 Minuten köcheln lassen. Alles mit dem Stabmixer pürieren.

Tipp: Statt der Esskastanien kann man auch 1 EL Mandelmus und 2 Scheiben zerbröselten Zwieback mit den Birnen pürieren.

Getrocknete Früchte

Für 3–4 Portionen • ab dem 10. Monat

1 kleine Mango · 1 Apfel
1 kleine Birne · 1 l Apfelsaft
1 EL Zitronensaft

1. Die Mango schälen und das Fruchtfleisch in feinen Scheiben vom Stein schneiden. Apfel und Birne waschen und der Länge nach ebenfalls in feine Scheiben schneiden. Den Backofen auf 70 °C vorheizen.

2. Den Apfelsaft mit dem Zitronensaft aufkochen. Die Obstscheiben darin etwa 30 Sekunden blanchieren, herausnehmen und auf Küchenpapier abtropfen lassen.

3. Die Obstscheiben nebeneinander auf ein mit Backpapier ausgelegtes Backblech legen und im Ofen auf der mittleren Schiene über Nacht trocknen lassen.

Brotchips mit Zimt und Koriander

Für 20 Stück • ab dem 10. Monat

$^{1}/_{4}$ Baguette (vom Vortag)
je 1 Msp. Zimt- und Korianderpulver
2 EL Traubenkernöl

1. Den Backofen auf 180 °C (Umluft 160 °C) vorheizen. Das Baguette mit einem Sägemesser in möglichst dünne Scheiben schneiden. Die Brotscheiben auf ein mit Backpapier ausgelegtes Backblech legen.

2. Zimt und Koriander mit dem Öl in einer kleinen Schüssel verrühren und die Brotscheiben damit leicht einstreichen. Die Brotscheiben im Ofen auf der mittleren Schiene 5 bis 10 Minuten trocknen lassen.

Würstchen im Schlafrock

Für 4 Stück • ab dem 10. Monat

2 Blätterteigplatten (tiefgekühlt)
1 TL gehackte Petersilie
4 kleine Wiener Würstchen
1 Eigelb · 1 EL Milch

1. Den Backofen auf 180 °C (Umluft 160 °C) vorheizen. Die Blätterteigplatten auftauen lassen. Die Petersilie auf den Blätterteig streuen und die Platten dünn ausrollen.

2. Aus jeder Teigplatte 2 gleich große Quadrate schneiden und je 1 Würstchen darin einrollen. Das Eigelb und die Milch verrühren und die Teigröllchen damit bestreichen.

3. Die Würstchen im Schlafrock auf ein mit Backpapier ausgelegtes Backblech legen und im Ofen auf der mittleren Schiene 10 bis 15 Minuten goldbraun backen. Herausnehmen und etwas abkühlen lassen.

Mini-Brezelmuffins

Für 8–12 Stück • ab dem 10. Monat

4 Brezeln (ohne Salz; vom Vortag) · 100 g Sahne
100 ml Milch · 2 Eier · 50 g geriebener Emmentaler · 2 EL Hafer-Schmelzflocken
Muskatnuss · 1 Eiweiß · Salz

1. Den Backofen auf 180 °C (Umluft 160 °C) vorheizen. Die Brezeln in kleine Würfel schneiden. Die Sahne und die Milch erwärmen, über die Brezelwürfel gießen und etwa 10 Minuten ziehen lassen.

2. Eier, Käse, Haferflocken und 1 Prise Muskatnuss unter die Brezelmasse kneten. Das Eiweiß steif schlagen und unterheben, den Teig mit 1 Prise Salz würzen.

3. Papierförmchen in die Vertiefungen der Mini-Muffinform setzen und je 2 TL Teig einfüllen. Die Muffins im Ofen auf der mittleren Schiene 20 Minuten goldbraun backen.

Knuspertaler

Für 10–15 Stück • ab dem 11. Monat

20 g Sonnenblumenkerne
je 25 g getrocknete Aprikosen und Cranberrys
30 g Haferflakes · 4 EL Butter
1 kleines Ei · 1 TL Ahornsirup
25 g Feinblatt-Haferflocken · 70 g Dinkelmehl

1. Den Backofen auf 180 °C (Umluft 160 °C) vorheizen. Die Sonnenblumenkerne in einer beschichteten Pfanne ohne Fett rösten. Die Sonnenblumenkerne ebenso wie die Aprikosen und die Cranberrys hacken. Alles mit den Haferflakes vermischen.

2. Die Butter mit dem Ei in einer Schüssel schaumig schlagen. Den Ahornsirup unterrühren. Die Haferflocken und das Dinkelmehl dazugeben und mit der Eimischung verrühren. Zuletzt die Haferflakes-Mischung unterheben.

3. Ein Backblech mit Backpapier auslegen. Mit einem Teelöffel kleine Häufchen vom Teig abnehmen und nebeneinander auf das Blech setzen. Die Knuspertaler im Ofen auf der mittleren Schiene 10 bis 12 Minuten goldbraun backen.

Nusszauberstäbchen

Für ca. 30 Stück • ab dem 10. Monat

200 g Vollkornmehl · 1 TL Trockenhefe
50 g gemahlene Nüsse (z. B. Cashew- und Haselnüsse) · 1 TL Zucker · 1/2 TL Salz

1. Das Mehl, die Hefe, die Nüsse, den Zucker und das Salz in einer Schüssel gründlich vermischen. 1/8 l lauwarmes Wasser dazugeben und alles zu einem glatten, geschmeidigen Teig verkneten, der sich leicht vom Schüsselrand löst.

2. Den Teig mit einem feuchten Küchentuch bedecken und an einem warmen Ort etwa 1 Stunde ruhen lassen.

3. Den Teig kräftig durchkneten und in etwa 30 kleine Portionen teilen. Jede Teigportion zu einer etwa 15 cm langen, dünnen Rolle formen, mit etwas Abstand auf ein mit Backpapier ausgelegtes Backblech legen und weitere 20 Minuten gehen lassen.

4. Den Backofen auf 180 °C (Umluft 160 °C) vorheizen. Die Nusszauberstäbchen im Ofen auf der mittleren Schiene 15 bis 20 Minuten goldbraun backen.

Gemüse-Kartoffel-Brei mit Geflügelknöpfli

Für 1 Portion • ab dem 7. Monat

1/2 Hähnchenbrust (ca. 70 g)
80 g Sahne · 1 TL gehackte Petersilie · Salz
1 TL Butter · 1 EL frische Weißbrotwürfel
1 Gläschen Gemüse-Kartoffel-Brei

1. Die Hähnchenbrust waschen, trockentupfen und in kleine Stücke schneiden. In einer Schüssel mit der Sahne, der Petersilie und 1 Prise Salz mit dem Stabmixer pürieren.

2. In einem Topf etwas Wasser zum Kochen bringen und die Hähnchenmasse durch eine Spätzlepresse hineindrücken (oder die Masse von einem Brett in das kochende Wasser schaben). Wenn die Knöpfli oben schwimmen, mit der Schaumkelle herausheben und abtropfen lassen.

3. Die Butter zerlassen, die Brotwürfel darin rundum anbraten und abkühlen lassen.

4. Das Breigläschen im heißen Wasserbad erwärmen, die Geflügelknöpfli mit den Croûtons auf den Brei geben.

Fleisch-Gemüse-Brei mit Zucchini

Für 1 Portion • ab dem 7. Monat

1/2 Bund Basilikum
100 ml Rapsöl · 1/2 Zucchino
1 Gläschen Fleisch-Gemüse-Brei

1. Das Basilikum waschen, trockenschütteln und die Blätter abzupfen. Das Öl mit den Basilikumblättern mit dem Stabmixer pürieren und am besten über Nacht kühl stellen.

2. Den Zucchino waschen und auf der Gemüsereibe fein raspeln.

3. Das Breigläschen im heißen Wasserbad erwärmen und die Zucchiniraspel unterheben.

4. Das Basilikumöl durch eine Kaffeefiltertüte gießen und 1 EL unter den Brei mischen. Das restliche Öl lichtgeschützt im Kühlschrank aufbewahren.

Mango-Pfirsich-Porridge mit Zimtbutter

Für 1 Portion • ab dem 7. Monat

100 ml Apfeltee · 4 EL Sahne
2 EL Hafer-Schmelzflocken
1 Prise Zimtpulver · 1 TL weiche Butter
1 Gläschen Mango-Pfirsich-Brei

1. In einem kleinen Topf den Apfeltee und die Sahne aufkochen. Die Haferflocken dazugeben und kurz mitköcheln lassen.

2. Den Zimt unter die Butter kneten.

3. Den Haferflockenbrei unter den Mango-Pfirsich-Brei mischen. Die Butter darauf geben und leicht schmelzen lassen.

Obstbrei mit Hüttenkäse und Popcorn

Für 1 Portion • ab dem 7. Monat

40 g Hüttenkäse
1–2 Vitalkekse (Reformhaus)
1 Gläschen Obstbrei
1 TL Amaranth-Popcorn (Reformhaus)

1. Den Hüttenkäse aus dem Kühlschrank nehmen, damit er Zimmertemperatur annehmen kann. Die Kekse in einen Gefrierbeutel geben, den Beutel gut verschließen und die Kekse mit dem Nudelholz fein zerbröseln.

2. Den Hüttenkäse unter den Obstbrei rühren. Die Keksbrösel und das Popcorn über den Brei streuen.

Marmoriertes Beeren-Tiramisu mit Sahne

Für 1 Portion • ab dem 7. Monat

2 Löffelbiskuits (zuckerfrei)
1 Gläschen Beerenbrei mit Apfel
4 EL geschlagene Sahne

1. Die Löffelbiskuits jeweils in der Mitte durchbrechen, sodass vier gleichgroße Stücke entstehen.

2. Den Beerenbrei in eine Schüssel geben und die Sahne locker unterheben.

3. Den marmorierten Beerenbrei mit den Biskuitstücken in ein Schälchen schichten und nach Belieben mit Sahnetupfern garniern.

Birnenbrei mit gebratener Banane

Für 1 Portion • ab dem 7. Monat

1 Zwieback · 1 Gläschen Birnenbrei
1 Babybanane · 1 TL Butter

1. Den Zwieback in einen Gefrierbeutel geben, den Beutel gut verschließen und den Zwieback mit dem Nudelholz fein zerbröseln. Den Brei mit den Bröseln verrühren und die Brösel weich werden lassen.

2. Die Banane schälen und in Scheiben schneiden. Die Butter in einer Pfanne zerlassen und die Bananenstücke darin bei schwacher Hitze braten. Etwas abkühlen lassen und auf dem Brei anrichten.

French Toast mit Haferflocken und Beerenjoghurt

Für 1 Baby und 2 Erwachsene

5 Scheiben Vollkorntoast · 2 Eier
100 ml Milch · 50 g Joghurt
2 Msp. Zimtpulver · 1 TL Honig
4 EL Hafer-Schmelzflocken · 1–2 EL Butter
100 g gemischte Beeren · 1/2 Banane
200 g griechischer Joghurt (10 % Fett)

1. Aus dem Toastbrot nach Belieben mit Plätzchenausstechern Sterne und/oder Herzen ausstechen.

2. Die Eier in einer Schüssel mit der Milch, dem Joghurt, dem Zimt und dem Honig verrühren und die Toastscheiben darin einweichen. Herausnehmen und kurz abtropfen lassen.

3. Die Haferflocken auf einen Teller geben und die Toasts darin wälzen. Die Butter in einer Pfanne zerlassen und die Toasts darin auf beiden Seiten goldbraun braten.

4. Die Beeren waschen und trockentupfen, die Banane schälen. Beides mit einer Gabel zerdrücken und mit dem griechischen Joghurt verrühren.

5. Den Beerenjoghurt mit den Toasts auf Teller verteilen.

Müsli-Pancakes mit Beerenschmand

Für 1 Baby und 2 Erwachsene

200 g Buttermilch · 1 Ei
50 g Kinder-Früchtemüsli (Reformhaus)
125 g Mehl · Salz · 1/2 EL Zucker
1 TL Backpulver · 100 g saure Sahne
3 EL flüssige Butter · 2–3 EL Öl
1 Schale Heidelbeeren
1/2 Banane · 150 g Schmand

1. Die Buttermilch mit dem Ei verquirlen. Das Müsli mit Mehl, Salz, Zucker und Backpulver in einer Schüssel vermischen. Nacheinander die Buttermilch, die saure Sahne und die flüssige Butter unter die Müsli-Mehl-Mischung rühren und den Teig etwa 20 Minuten ruhen lassen.

2. Den Backofen auf 80 °C vorheizen. Das Öl in einer beschichteten Pfanne erhitzen und darin aus dem Teig portionsweise kleine Pfannkuchen backen. Die Pancakes im Ofen warm halten, bis alle fertig gebacken sind.

3. Die Heidelbeeren waschen und trockentupfen, die Banane schälen. Die Banane mit einer Gabel zu Brei zerdrücken und mit dem Schmand verrühren, die Beeren unterheben.

4. Die Pancakes und den Beerenschmand auf Teller verteilen oder schichtweise als Türmchen anrichten. Nach Belieben mit etwas Ahornsirup beträufeln.

Nussschmarren mit selbst gemachten Fruchtzwergen

Für 1 Baby und 2 Erwachsene

100 g Obst (z. B. Banane, Erdbeeren, reifer Pfirsich) · 1 TL Traubenzucker
je 80 g Sahnequark und Joghurt
4 Eier · 1 Päckchen Vanillezucker
1 EL Zucker · 200 ml Milch · Salz
150 g Mehl · 100 g gemahlene Nüsse (z. B. Cashew- und Haselnüsse)
2 EL Butterschmalz · 1 EL Puderzucker

1. Das Obst schälen bzw. waschen, eventuell entsteinen und mit einer Gabel zerdrücken. Den Obstbrei mit dem Traubenzucker, dem Quark und dem Joghurt verrühren und auf kleine Schälchen verteilen.

2. Für den Nussschmarren die Eier trennen. Die Eiweiße mit dem Vanillezucker und dem Zucker steif schlagen. Die Eigelbe mit der Milch und 1 Prise Salz verquirlen. Das Mehl und die Nüsse mischen und unterrühren, zuletzt den Eischnee unterheben.

3. Den Backofen auf 180 °C (Umluft 160 °C) vorheizen. Das Butterschmalz in einer ofenfesten Pfanne zerlassen, den Teig hineingeben und bei schwacher Hitze backen. Wenden und im Ofen auf der mittleren Schiene 15 Minuten fertig backen.

4. Den heißen Schmarren mit zwei Gabeln zerreißen, den Puderzucker darüberstäuben und karamellisieren. Den Nussschmarren kurz abkühlen lassen, auf Teller verteilen und mit den Fruchtzwergen servieren.

Mini-Hörnchen mit Mangobutter und Erdbeeren

Für 1 Baby und 2 Erwachsene

1 Packung Milchhörnchenteig (6 Stück)
$^{1}/_{4}$ Mango · 100 g Erdbeeren
3 EL Feinblatt-Haferflocken
50 g weiche Butter

1. Aus dem Teig kleine Hörnchen formen, auf ein mit Backpapier ausgelegtes Backblech setzen und nach Packungsanweisung im vorgeheizten Ofen backen. Die Hörnchen abkühlen lassen und aufschneiden.

2. Die Mango schälen, das Fruchtfleisch vom Stein schneiden und mit dem Stabmixer pürieren. Die Erdbeeren putzen, waschen, trockentupfen und in Scheiben schneiden. Die Haferflocken in einer beschichteten Pfanne ohne Fett anrösten.

3. Das Mangopüree unter die Butter rühren und die unteren Hälften der Hörnchen damit bestreichen. Die bestrichenen Hälften mit den Haferflocken bestreuen und mit den Erdbeerscheiben belegen. Die oberen Hörnchenhälften auf die bestrichenen unteren Hälften setzen.

Joghurtwaffeln

Für ca. 8 Stück

75 g weiche Butter · 1 EL Zucker
2 Eier · 150 g Joghurt
200 g Mehl oder Vollkornmehl
1 TL Backpulver · Salz
ca. 150 ml Mineralwasser (mit Kohlensäure)
Fett für das Waffeleisen

1. Die Butter mit dem Zucker schaumig schlagen. Die Eier trennen. Die Eigelbe und den Joghurt unter die Buttercreme rühren.

2. Das Mehl mit dem Backpulver und 1 Prise Salz mischen und unterheben. So viel Mineralwasser dazugießen und unterrühren, bis ein dickflüssiger Teig entsteht. Die Eiweiße steif schlagen und unter den Teig heben.

3. Den Waffelteig portionsweise in ein gefettetes Waffeleisen geben und goldbraun ausbacken.

4. Die Waffeln etwas abkühlen lassen und nach Belieben mit etwas klein geschnittenem Obst servieren.

Bananen-Joghurt-Muffins

Für ca. 16 Stück

1 Banane · 200 g Mehl · 3 TL Backpulver
$\frac{1}{2}$ TL Pimentpulver · Zimtpulver · Salz
150 g Joghurt · 175 ml fettarme Milch
1–2 EL Öl · 50 g brauner Zucker

1. Den Backofen auf 190 °C (Umluft 170 °C) vorheizen. Die Banane schälen und mit einer Gabel zerdrücken.

2. Das Mehl und das Backpulver in eine Schüssel sieben, den Piment und je 1 Prise Zimt und Salz untermischen. In einer zweiten Schüssel den Joghurt, die Milch, das Öl, den braunen Zucker und das Bananenmus verrühren. Die Mehlmischung zur Joghurtmischung geben und dabei mit dem Schneebesen oder Kochlöffel nur so lange rühren, bis alle Zutaten feucht sind.

3. Papierförmchen in die Vertiefungen der Mini-Muffinform setzen und je 1 EL Teig einfüllen. Die Bananen-Joghurt-Muffins im Ofen auf der mittleren Schiene 15 bis 20 Minuten goldbraun backen. Aus dem Ofen nehmen und 5 Minuten in der Form ruhen lassen. Dann aus den Formen lösen und etwas abkühlen lassen. Nach Belieben mit Zimtpuderzucker bestäuben.

Tipp: Die Joghurtmuffins kann man auch mit anderen klein geschnittenen Früchten (z. B. Aprikosen oder Mango) zubereiten.

Beerenmüsli mit Apfelperlen

Für 1 Baby und 2 Erwachsene

150 g Kinder-Früchtemüsli (Reformhaus)
300 ml Milch · 2 Äpfel
100 g Himbeeren · 1/2 Banane
5 Vanillekipferl oder Dinkelkekse
50 g Haferpoppies oder Haferpopcorn

1. Das Müsli in eine Schüssel geben, mit der Milch übergießen und 15 Minuten quellen lassen.

2. Die Äpfel schälen und mit einem Kugelausstecher kleine Apfelperlen ausstechen. Den Rest der Äpfel fein reiben und unter das Müsli mischen.

3. Die Himbeeren verlesen, waschen und trockentupfen, einige schöne Beeren für die Deko beiseite legen. Die Banane schälen und mit den restlichen Beeren mit einer Gabel zu Brei zerdrücken.

4. Das Müsli nach Bedarf noch mit etwas Milch verdünnen und auf Schälchen verteilen. Das Himbeer-Bananen-Püree darauf geben und das Müsli mit Keksen, Haferpoppies oder -popcorn, Apfelperlen und Himbeeren garnieren.

Banane im Knuspermantel mit Apfelquark

Für 1 Baby und 2 Erwachsene

5 Baby-Bananen
200 g Mandelcrunch (zuckerfrei)
1 Apfel · 200 g Sahnequark
1 EL Honig oder Apfeldicksaft

1. Den Backofen auf 200 °C (Umluft 180 °C) vorheizen. Die Bananen schälen, in eine ofenfeste Form geben und im Ofen auf der mittleren Schiene etwa 10 Minuten garen. Herausnehmen und abkühlen lassen.

2. Den Mandelcrunch in einen Gefrierbeutel geben, den Beutel gut verschließen und den Crunch mit dem Nudelholz fein zerbröseln. Auf einen Teller geben und die Bananen vorsichtig darin wälzen.

3. Den Apfel schälen, entkernen und auf der Gemüsereibe fein raspeln. Den Quark in eine Schüssel geben, die Apfelraspel und den Honig oder Apfeldicksaft unterrühren.

4. Den Apfelquark auf Teller verteilen und die Knusperbananen darauf anrichten. Nach Belieben bunte Puffreiskügelchen darüberstreuen.

Vitalbrot mit Blütenmargarine

Für 1 kleine Kastenform (8 x 15 cm)

1 Päckchen Trockenhefe · Zucker
200 g Reismehl · je 80 g Mais- und Buchweizenmehl · 1 TL Guarkernmehl (Reformhaus)
Salz · 1 TL Apfelessig · Fett für die Form
Öl zum Bestreichen · 80 g Margarine
Blütensalz (Reformhaus) · Zimtpulver

1. Die Hefe mit 1/2 TL Zucker und etwas lauwarmem Wasser mischen und einige Minuten stehen lassen, bis sich Blasen bilden. Die Mehlsorten mit 1/2 TL Salz und dem Apfelessig mischen, mit der Hefe und etwa 200 ml lauwarmem Wasser (am besten in der Küchenmaschine) zu einem glatten, elastischen Teig verkneten.

2. Den Teig in eine kleine gefettete Kastenform füllen und mit angefeuchteten Händen oder einem Teigschaber glatt streichen. Den Teig mit einem feuchten Küchentuch bedecken und im lauwarmen Backofen mindestens 30 bis 40 Minuten gehen lassen, bis sich sein Volumen etwa verdoppelt hat. Eine Wasserschale in den Ofen stellen.

3. Dann das Brot bei 200 °C (Umluft 180 °C) auf der mittleren Schiene 10 Minuten backen. Die Temperatur auf 170 °C (Umluft 150 °C) reduzieren und das Brot 30 bis 40 Minuten fertig backen. Den Brotlaib 10 Minuten vor Ende der Backzeit mit etwas Öl bestreichen.

4. Die Margarine mit dem Blütensalz und je 1 Prise Zimt und Zucker verkneten. Das Brot warm in Scheiben schneiden und mit der Blütenmargarine bestreichen.

Strammes Mäxchen mit Gurken-Shake

Für 1 Baby und 2 Erwachsene

1 Salatgurke · 300 g Joghurt
1 Msp. Korianderpulver
4 Eier · 4 EL Milch
Salz · 1 TL Butter
100 g Emmentaler · 2 Tomaten
3 Scheiben Kastenweißbrot oder Vollkornbrot
3 Scheiben gekochter Schinken

1. Die Gurke schälen und der Länge nach halbieren. Mit einem Teelöffel die Kerne entfernen und das Fruchtfleisch klein schneiden. Die Gurke mit dem Joghurt und dem Koriander in einen hohen Rührbecher geben und mit dem Stabmixer pürieren.

2. Die Eier mit der Milch verquirlen und mit 1 Prise Salz würzen. Die Butter in einer beschichteten Pfanne zerlassen und die Eiermasse hineingeben. Leicht stocken lassen und unter Rühren zu einem lockeren Rührei braten.

3. Den Käse wie Pommes frites in Stäbchen schneiden. Die Tomaten waschen und in Scheiben schneiden, dabei die Stielansätze entfernen. Die Brotscheiben im Toaster rösten, zuerst mit den Tomatenscheiben, dann mit dem Rührei und zuletzt mit den Schinkenscheiben belegen.

4. Die Strammen Mäxchen mit den Käse-Sticks und dem Gurken-Shake servieren.

Hirse-Kartoffel-Gnocchi mit Tomatensauce

Für 1 Baby und 2 Erwachsene

700 g mehlig kochende Kartoffeln
150 g Hirsemehl · 1 Eigelb · Salz
Muskatnuss · 2 Zucchini · 1 kleine weiße Zwiebel
2 EL Olivenöl · 400 g Dosentomaten
Zucker · 1–2 EL gehacktes Basilikum
2 EL geriebener Pecorino

1. Die Kartoffeln in wenig Wasser garen, abgießen, pellen und noch warm durch die Kartoffelpresse in eine Schüssel drücken. Mit dem Mehl, dem Eigelb, 1/2 TL Salz und 1 Prise Muskatnuss zu einem Teig verkneten. Aus dem Teig fingerdicke Rollen formen und in etwa haselnussgroße Stücke schneiden. Die Teigstücke mit einer Gabel leicht flach drücken.

2. Für die Sauce die Zucchini putzen, waschen und in kleine Würfel schneiden. Die Zwiebel schälen und fein hacken. Das Olivenöl erhitzen und die Zwiebel darin andünsten. Zucchini und Tomaten dazugeben und alles bei schwacher Hitze 10 bis 15 Minuten köcheln lassen. Die Tomatensauce mit Salz, Zucker und Basilikum abschmecken.

3. In einem großen Topf Wasser aufkochen und die Gnocchi darin gar ziehen lassen, bis sie an der Oberfläche schwimmen. Die Hirse-Kartoffel-Gnocchi mit dem Schaumlöffel herausheben, abtropfen lassen und mit der Tomatensauce anrichten. Den Pecorino darüberstreuen.

Quarkspätzle mit Tomaten und Kräutern

Für 1 Baby und 2 Erwachsene

3 Eier · 150 g Magerquark · 1/2 TL Salz
400 g Mehl · 3 Strauchtomaten
100 g Butter · je 1 EL Basilikum,
Liebstöckel und Petersilie (gehackt)
1 EL geriebener Parmesan

1. Eier, Quark und Salz verrühren. Das Mehl dazugeben und alles zu einem zähen, glatten Teig schlagen.

2. In einem großen Topf Wasser zum Kochen bringen und den Teig durch eine Spätzlepresse hineindrücken (oder den Teig von einem Brett in das kochende Wasser schaben). Wenn die Spätzle oben schwimmen, mit der Schaumkelle herausheben, kalt abschrecken und abtropfen lassen.

3. Die Tomaten überbrühen, häuten, vierteln und entkernen, das Fruchtfleisch in kleine Würfel schneiden. Die Butter in einer kleinen Pfanne zerlassen, bis sie hellbraun ist und leicht nussig duftet.

4. Die Nussbutter durch eine Kaffeefiltertüte gießen und nochmals in der Pfanne erhitzen. Die Quarkspätzle und die Tomaten darin etwa 5 Minuten braten. Zuletzt die Kräuter und den Parmesan unterrühren.

Kartoffelkrapfen mit Spinat und Pinienkernbutter

Für 1 Baby und 2 Erwachsene

2 1/2 EL Butter · Salz · 50 g Mehl · 1 Ei
500 g heiße gegarte Kartoffeln (mehlig kochend)
Muskatnuss · 50 g Pinienkerne (gehackt)
250 g Rahmspinat (tiefgekühlt) · Öl zum Frittieren

1. Für den Krapfenteig 100 ml Wasser mit 1/2 EL Butter und 1 Prise Salz aufkochen. Das Mehl dazugeben. Mit einem Holzlöffel so lange rühren, bis sich der Teig vom Topfboden löst.

2. Den Teig in eine Schüssel geben, etwas abkühlen lassen und das Ei unterrühren. Die Kartoffeln pellen und durch die Kartoffelpresse dazudrücken. Den Teig mit Salz und Muskatnuss abschmecken.

3. Die restliche Butter zerlassen, bis sie hellbraun ist, und durch eine Kaffeefiltertüte gießen. Die Pinienkerne in der klaren Butter erwärmen.

4. Den Spinat nach Packungsanweisung zubereiten. Das Fett zum Frittieren erhitzen. Von dem Kartoffelteig mit Teelöffeln kleine Nocken abstechen und im heißen Fett schwimmend ausbacken.

5. Die Kartoffelkrapfen auf Küchenpapier abtropfen lassen und mit dem Spinat auf Tellern anrichten. Mit der Pinienkernbutter beträufeln und nach Belieben ein kleines Spiegelei dazu servieren.

Reibekuchen mit Birnen-Mango-Kompott

Für 1 Baby und 1 Erwachsenen

2 kleine süße Birnen · 1 kleine Mango
200 ml Birnensaft · 1 Gewürznelke
1 Zimtstange · 1 Sternanis
500 g vorwiegend fest kochende Kartoffeln
1 Möhre · 1/2 Zwiebel · 1 Ei · Salz
2 EL Haferflocken · 1 EL Butterschmalz

1. Für das Kompott die Birnen schälen, entkernen und in Spalten schneiden. Die Mango schälen und das Fruchtfleisch in Streifen vom Stein schneiden. Den Birnensaft mit den Gewürzen aufkochen und das Obst in dem Sud 5 Minuten köcheln lassen. Das Kompott langsam abkühlen lassen. Vor dem Servieren die Gewürze entfernen.

2. Für die Reibekuchen die Kartoffeln schälen und auf der Küchenreibe fein reiben. Die Kartoffelmasse in einem Küchentuch kräftig auspressen, bis keine Flüssigkeit mehr heraustropft. Die Möhre schälen und fein reiben. Die Zwiebel schälen und fein hacken. Beides mit dem Ei, 1 Prise Salz und den Haferflocken unter die Kartoffelmasse mischen.

3. Das Butterschmalz in einer beschichteten Pfanne zerlassen. Den Teig portionsweise hineingeben und zu kleinen Reibekuchen ausbacken. Auf Küchenpapier abtropfen und etwas abkühlen lassen.

4. Die Reibekuchen mit dem Birnen-Mango-Kompott anrichten. Für das Baby das Kompott mit einer Gabel zerdrücken.

Pfannkuchenröllchen mit mediterranem Gemüse

Für 1 Baby und 1 Erwachsenen

50 g Mehl · Salz · 75 ml Milch
1 Ei · 1 TL flüssige Butter
50 ml Mineralwasser (mit Kohlensäure)
3 EL Butterschmalz · 1 kleine weiße Zwiebel
2 EL Olivenöl · 300 g passierte Dosentomaten
2 Msp. gehackter Thymian und Rosmarin
1 kleine rote Paprikaschote · 1/4 Aubergine
1 Zucchino · 1 EL geriebener Parmesan

1. Das Mehl in eine Schüssel sieben, 1 Prise Salz dazugeben und mit der Milch glatt rühren. Dann das Ei, die Butter und so viel Mineralwasser unterrühren, bis ein dünnflüssiger Teig entsteht. Den Teig 20 Minuten ruhen lassen und dann daraus im heißen Butterschmalz portionsweise kleine Pfannkuchen backen.

2. Die Zwiebel schälen, fein hacken und in 1 EL Olivenöl andünsten. Die Dosentomaten, die Kräuter und etwas Salz dazugeben und die Tomatensauce bei schwacher Hitze 20 Minuten köcheln lassen.

3. Die Paprikaschote putzen, entkernen, waschen und in kleine Würfel schneiden. Die Aubergine und den Zucchino putzen, waschen und ebenfalls in Würfel schneiden. Das restliche Olivenöl erhitzen und das Gemüse darin andünsten. Mit einem Drittel der Tomatensauce ablöschen und alles 15 Minuten einköcheln lassen. Das Gemüse auf die Pfannkuchen verteilen und die Pfannkuchen aufrollen. Auf der restlichen Tomatensauce anrichten und mit Parmesan bestreuen.

Blätterteig-Schatztruhe mit Rahmgemüse

Für 1 Baby und 1–2 Erwachsene

200 g Blätterteig (aus dem Kühlregal)
1 Eigelb · 2 EL Milch · 1 Kohlrabi
2 Möhren · 100 ml Gemüsebrühe
100 g Erbsen (tiefgekühlt) · 150 g Sahne
1 TL Butter · 1–2 EL heller Saucenbinder
1/2 TL gehackte Petersilie
100 g gegarte Sternchennudeln · Salz

1. Den Backofen auf 180 °C (Umluft 160 °C) vorheizen. Für die Schatztruhen die Blätterteigplatten übereinander legen und mit einem Nudelholz etwa 1/2 cm dick ausrollen. Aus dieser Platte drei gleich große Rechtecke schneiden. Für die Griffe der Truhen von jedem Rechteck der Länge nach einen dünnen Streifen abschneiden.

2. Die Teigrechtecke auf ein mit Backpapier ausgelegtes Backblech setzen. Das Eigelb mit der Milch verquirlen und den Teig damit bestreichen. Die Teigstreifen zu Griffen formen, auf die Rechtecke setzen und ebenfalls mit Eigelb bepinseln. Im Ofen auf der mittleren Schiene 20 bis 25 Minuten backen.

3. Den Kohlrabi und die Möhren putzen, schälen, in 1 cm große Würfel schneiden und in der Brühe weich garen. Erbsen, Sahne und Butter hinzufügen, einmal aufkochen und den Saucenbinder unterrühren. Die Petersilie und die Nudeln dazugeben und mit Salz abschmecken.

4. Von den gebackenen Truhen je einen Deckel abschneiden und das Gemüse einfüllen.

Süßkartoffel aus dem Ofen mit Hüttenkäse

Für 1 Baby und 1 Erwachsenen

1 Süßkartoffel (400–500 g)
2½ EL weiche Butter · 2 Stiele Basilikum
100 g Hüttenkäse · 2 Frühlingszwiebeln
150 g Champignons · 30 g Pinienkerne
1 EL Öl · Salz · Zucker

1. Den Backofen auf 180 °C (Umluft 160 °C) vorheizen. Die Süßkartoffel gründlich waschen und abtrocknen. Mit 1½ EL Butter einreiben und fest in Alufolie wickeln. Die Kartoffel im Ofen auf der mittleren Schiene je nach Größe 45 bis 60 Minuten garen.

2. Basilikum waschen und trockenschütteln, die Blätter abzupfen, fein hacken und unter den Hüttenkäse rühren.

3. Die Frühlingszwiebeln putzen, waschen und in feine Ringe schneiden. Die Pilze putzen, trocken abreiben und vierteln. Die Pinienkerne in einer beschichteten Pfanne ohne Fett rösten und herausnehmen. Dann das Öl in der Pfanne erhitzen und die Frühlingszwiebeln und die Pilze darin anbraten. Das Pilzgemüse mit Salz und Zucker abschmecken. Das Gemüse mit der restlichen Butter und 2 EL Wasser glasieren, bis es glänzt.

4. Die Kartoffel aus der Folie wickeln und halbieren. Das Innere der Kartoffel mit einer Gabel etwas auflockern. Den Hüttenkäse, das Pilzgemüse und die Pinienkerne auf den Kartoffelhälften verteilen. Für das Baby alles mit der Gabel zerdrücken.

Mini-Knödel mit geschmortem Wurzelgemüse

Für 1 Baby und 2 Erwachsene

4 Brötchen (vom Vortag) · 100 ml Milch
1 kleine Zwiebel · 4½ EL Butter
2 EL gehackte Petersilie · 2 Eier · Salz
200 g Knollensellerie · 1 große Möhre
1 große Petersilienwurzel · 1 kleine Stange Lauch
50 ml Gemüsebrühe · Zucker

1. Die Brötchen in möglichst dünne Scheiben schneiden. Die Milch etwas erhitzen und über die Brötchenscheiben gießen.

2. Die Zwiebel schälen, fein hacken und in ½ EL Butter andünsten. Die Petersilie dazugeben kurz mitdünsten. Die Zwiebel-Petersilien-Mischung zu den Brötchen geben und etwas abkühlen lassen. Die Eier untermischen, die Masse mit Salz würzen und zu einem Teig verkneten. Den Teig abgedeckt 30 Minuten ruhen lassen.

3. Den Backofen auf 200 °C (Umluft 180 °C) vorheizen. Das Gemüse putzen, schälen bzw. waschen und klein schneiden. Mit der restlichen Butter und der Brühe in eine ofenfeste Form geben, mit Salz und Zucker würzen. Das Gemüse im Ofen auf der mittleren Schiene etwa 45 Minuten weich schmoren, das Gemüse dabei häufiger wenden.

4. Aus dem Teig mit angefeuchteten Händen 10 kleine Knödel formen, in kochendes Salzwasser geben und bei schwacher Hitze offen etwa 15 Minuten garen – das Wasser darf dabei nicht kochen! Die Knödel mit dem Wurzelgemüse anrichten.

Schwarzwurzel-Rahmgemüse mit Erbsen und Nudeln

Für 1 Baby und 1 Erwachsenen

400 g Schwarzwurzeln · Saft von $\frac{1}{2}$ Zitrone
1 kleine weiße Zwiebel · 1 $\frac{1}{2}$ EL Butter
150 ml Gemüsebrühe · 150 g Sahne
100 g tiefgekühlte Erbsen (aufgetaut)
100 g gegarte Hörnchennudeln
1 Msp. Muskatnuss · Salz
2 EL heller Saucenbinder
2 Scheiben Vollkorntoast · 1 TL Rapsöl
200 ml frisch gepresster Möhrensaft

1. Die Schwarzwurzeln schälen, schräg in feine Scheiben scheiden und in Zitronenwasser legen, damit sie nicht braun werden.

2. Die Zwiebel schälen und fein hacken. In einem Topf $\frac{1}{2}$ EL Butter zerlassen und die Zwiebel darin andünsten. Mit der Brühe und der Sahne ablöschen, die Schwarzwurzeln dazugeben und bei schwacher Hitze 10 bis 15 Minuten weich köcheln lassen.

3. Die Erbsen und die Nudeln hinzufügen, und das Gemüse mit Muskatnuss und etwas Salz abschmecken. Zuletzt den Saucenbinder unterrühren.

4. Das Toastbrot in kleine Würfel schneiden. Die restliche Butter zerlassen und die Brotwürfel darin knusprig braten. Das Schwarzwurzel-Rahmgemüse auf Teller verteilen und die Brotwürfel darüberstreuen. (Eltern dürfen ihre Portion mit Pfeffer nachwürzen.) Das Öl unter den Möhrensaft rühren und dazu servieren.

Gemüseeintopf mit Quarkklößchen

Für 1 Baby und 1 Erwachsenen

125 g Magerquark · 1 Eigelb
80 g frisch geriebenes Weißbrot
1 EL Grieß · Salz
100 g vorwiegend fest kochende Kartoffeln
150 g Kürbisfleisch · 3 Zweige Oregano
400 ml Gemüsebrühe · 1 Zucchino
200 g Cocktailtomaten · 1 EL Olivenöl

1. Für die Klößchen Quark, Eigelb, geriebenes Weißbrot, Grieß und Salz gründlich verkneten und 20 Minuten ruhen lassen.

2. Die Kartoffeln schälen und ebenso wie den Kürbis in Würfel schneiden. Den Oregano waschen und trockenschütteln. Die Brühe aufkochen und Kartoffeln, Kürbis und Oregano darin bei schwacher Hitze etwa 10 Minuten köcheln lassen.

3. Den Zucchino putzen, waschen und in Scheiben schneiden. Die Tomaten waschen und halbieren. Beides in die Suppe geben.

4. Den Oregano aus der Suppe nehmen. Von der Quarkmasse mit einem Teelöffel Klößchen abstechen und in der Suppe 15 Minuten gar ziehen lassen.

5. Den Gemüseeintopf mit dem Olivenöl und etwas Salz abschmecken und auf tiefe Teller oder Tassen verteilen. (Wer möchte, kann das Gemüse noch mit der Gabel zerdrücken.) Nach Belieben Vollkorn-Grissini zum Knabbern dazu servieren.

Polentaplätzchen mit Pilzrahm und Brokkoli

Für 1 Baby und 1 Erwachsenen

480 ml Geflügelbrühe · ca. 3 TL Butter · Salz
Muskatnuss · 100 g Instant-Polenta · 1/2 Brokkoli
10 g getrocknete Steinpilze · 200 g Egerlinge
1 kleine weiße Zwiebel (gehackt) · 150 g Sahne
1–2 EL heller Saucenbinder · 1 Camembert

1. Für die Polenta 380 ml Brühe mit 1 TL Butter und je 1 Prise Salz und Muskatnuss aufkochen. Polenta hineingeben und aufkochen. Den Brei 2 cm hoch in eine gebutterte Form füllen, glatt streichen und erkalten lassen.

2. Brokkoli putzen, waschen und in Röschen teilen. In kochendem Salzwasser blanchieren, kalt abschrecken und abtropfen lassen. Steinpilze in 100 ml heißem Wasser 10 Minuten einweichen, dann fein hacken. Den Pilzsud durch ein Teesieb gießen und auffangen.

3. Die Egerlinge putzen, trocken abreiben und in feine Scheiben schneiden. Die restliche Butter zerlassen und die Zwiebel darin andünsten. Die Egerlinge und die Steinpilze kurz mitdünsten. Pilzsud, restliche Brühe und Sahne dazugießen und alles 10 Minuten köcheln lassen. Den Pilzrahm mit dem Saucenbinder binden, mit Salz und Muskat würzen. Den Brokkoli in der Sauce erwärmen.

4. Den Backofen auf 220 °C vorheizen. Aus der erkalteten Polenta Kreise mit etwa 5 cm Durchmesser ausstechen. Mit Camembertscheiben belegen und im Ofen überbacken, bis der Käse gebräunt ist. Die Polentaplätzchen mit dem Pilzrahm anrichten.

Kürbisrisotto mit Knusperparmesan

Für 1 Baby und 2 Erwachsene

1 kleine weiße Zwiebel · 1 EL Olivenöl
100 g Risottoreis (Arborio)
200 ml Gemüsefond · 100 ml Birnensaft
250 g Kürbisfleisch · 0,1 g Safranfäden
50 g Mascarpone · 1 TL gehackter Oregano
Salz · 60 g geriebener Parmesan

1. Die Zwiebel schälen und fein hacken. Das Olivenöl in einem Topf erhitzen, die Zwiebel darin andünsten. Den Reis dazugeben und kurz mitdünsten, dann 100 ml Fond und den Birnensaft dazugießen. Bei schwacher Hitze unter gelegentlichem Rühren etwa 10 Minuten köcheln lassen, bis der Reis die Flüssigkeit vollständig aufgenommen hat.

2. Den Kürbis grob zerkleinern und in der Küchenmaschine hacken. Den Kürbis zum Reis geben, den restlichen Fond und den in etwas heißem Wasser aufgelösten Safran hinzufügen und den Risotto weitere 15 Minuten köcheln lassen. Den Mascarpone unterrühren, den Risotto vom Herd nehmen und zugedeckt 10 Minuten ruhen lassen. Den Kürbisrisotto mit Oregano und Salz abschmecken.

3. Den Parmesan in eine beschichtete Pfanne streuen und hellbraun schmelzen lassen. Die Pfanne mit dem Boden in kaltes Wasser tauchen, bis der Käse erstarrt ist. Den knusprigen Käse aus der Pfanne nehmen und in Stücke brechen oder zerbröseln. Den Kürbisrisotto mit den Parmesanplätzchen oder -bröseln anrichten.

Couscousbällchen mit Kokos-Tomaten-Sauce

Für 1 Baby und 1 Erwachsenen

200 ml Geflügelfond · 1 TL Butter
100 g Instant-Couscous · Salz
Zimt- und Kardamompulver · 1/2 weiße Zwiebel
1 EL Olivenöl · 1 TL Tomatenmark
150 ml Kokosmilch · 1 Petersilienwurzel
1 Frühlingszwiebel (nur das Weiße)
200 g Dosentomaten · Currypulver
50 g weiße Sesamsamen

1. Den Fond mit der Butter aufkochen. Den Couscous in eine Schüssel geben, den Fond darübergießen, mit Salz, Zimt und Kardamon würzen. Den Couscous bis zur weiteren Verarbeitung quellen lassen, dabei gelegentlich umrühren.

2. Die Zwiebel schälen und fein hacken. Das Olivenöl in einem Topf erhitzen, die Zwiebel darin andünsten. Das Tomatenmark kurz mitdünsten und die Kokosmilch dazugießen.

3. Die Petersilienwurzel schälen, die Frühlingszwiebel putzen und waschen. Beides in feine Würfel schneiden und mit den Tomaten in die Kokossauce geben. Die Sauce mit Salz und Curry abschmecken und bei schwacher Hitze 20 bis 25 Minuten köcheln lassen.

4. Aus der Couscousmasse mit angefeuchteten Händen walnussgroße Kugeln formen und in den Sesamsamen wälzen. Die Couscousbällchen kurz in der Kokos-Tomaten-Sauce erwärmen.

Minestrone »Bambini« mit Nudeln und Käsebaguette

Für 1 Baby und 2 Erwachsene

150 g Blumenkohl oder Kohlrabi
1 Bund Frühlingszwiebeln (nur das Weiße)
3 Zweige Thymian · 600 ml Gemüsebrühe
1/2 Bund grüner Spargel · 1 kleiner Zucchino
6 Cocktailtomaten · 80 g Erbsen (tiefgekühlt)
Salz · 80 g gekochter Schinken (am Stück)
100 g gegarte kleine Nudeln
5 kleine Scheiben getoastetes Baguette
3 TL Ricotta · 2 EL geriebener Parmesan

1. Den Blumenkohl putzen, waschen und in Röschen teilen bzw. den Kohlrabi schälen und klein schneiden. Die Frühlingszwiebeln putzen, waschen und in feine Ringe schneiden, den Thymian waschen und trockenschütteln. Blumenkohl oder Kohlrabi, Frühlingszwiebeln und Thymian mit der Brühe in einem Topf 10 Minuten köcheln lassen.

2. Den Spargel waschen, im unteren Drittel schälen und in feine Scheiben schneiden. Den Zucchino putzen, waschen und in Würfel oder feine Scheiben schneiden. Die Tomaten waschen und halbieren. Das Gemüse mit den Erbsen in die Brühe geben und alles weitere 8 Minuten köcheln lassen. Den Thymian herausnehmen und die Suppe mit Salz abschmecken.

3. Den Schinken in feine Würfel schneiden und mit den Nudeln in der Minestrone erwärmen. Die Suppe auf tiefe Teller verteilen und mit den Baguettescheiben, je 1 Klecks Ricotta und dem Parmesan anrichten. Nach Belieben etwas Olivenöl darüberträufeln.

Nudelschnecke mit Paprika und Zucchini

Für 1 Baby und 2 Erwachsene

2 rote Paprikaschoten · 200 g Dinkelmehl
60 g Hartweizengrieß · 3 Eier · 1 EL Olivenöl
Salz · 3 kleine Zucchini · ca. 2 EL Butter
250 g Mozzarella (in Würfel geschnitten)
2 EL Basilikumpesto (aus dem Glas)
200 ml Gemüsebrühe · 200 ml Tomatensaft

1. Backofen auf 160 °C (Umluft 140 °C) vorheizen. Die Paprikaschoten längs halbieren, entkernen und waschen. Mit der Hautseite nach oben auf ein mit Backpapier ausgelegtes Backblech legen und im Ofen auf der mittleren Schiene 40 Minuten schmoren.

2. Mehl, Grieß, Eier, Olivenöl und Salz rasch zu einem Nudelteig verkneten und in Klarsichtfolie gewickelt 20 Minuten ruhen lassen.

3. Die Paprikaschoten aus dem Ofen nehmen (den Ofen bei 170 bzw. 150 °C eingeschaltet lassen), häuten und in kleine Würfel schneiden. Zucchini putzen, waschen und ebenfalls in Würfel schneiden. Beides in der Butter weich dünsten. Den Mozzarella mit Paprika, Zucchini und Pesto mischen.

4. Aus dem Nudelteig mit einer Nudelmaschine oder dem Nudelholz dünne Teigplatten ausrollen. Die Platten in 20 x 20 cm große Stücke schneiden, mit je 3 EL Füllung belegen und aufrollen. Die Rollen in 3 cm lange Stücke schneiden und in eine gebutterte ofenfeste Form setzen. Brühe und Tomatensaft dazugießen, alles im Ofen auf der mittleren Schiene 45 Minuten backen.

Buchweizen-Gnocchi mit Hackfleischsauce

Für 1 Baby und 2 Erwachsene

1 kleine weiße Zwiebel · 1 TL Speckwürfel
$1\frac{1}{2}$ EL Butter · 250 g gemischtes Hackfleisch
1 EL Tomatenmark · 400 g Dosentomaten
200 ml Gemüsebrühe · Salz
500 g heiße gegarte Kartoffeln (mehlig kochend)
100 g Buchweizenmehl · 1 Eigelb
$\frac{1}{2}$ Bund Basilikum

1. Die Zwiebel schälen und fein hacken. Mit dem Speck in 1 EL Butter anbraten. Das Hackfleisch dazugeben und 4 bis 5 Minuten krümelig braten. Das Tomatenmark unterrühren, die Tomaten und die Brühe hinzufügen. Die Sauce mit Salz würzen und bei schwacher Hitze 30 Minuten köcheln lassen.

2. Für die Gnocchi die Kartoffeln pellen und durch die Kartoffelpresse drücken. Mit dem Mehl, dem Eigelb und 1 Prise Salz zu einem Teig verkneten. (Sollte der Teig noch zu feucht sein, noch etwas Mehl dazugeben.) Den Teig zu langen Strängen mit etwa 2 cm Durchmesser rollen und diese in Rauten schneiden. In einem großen Topf Wasser aufkochen und die Gnocchi darin gar ziehen lassen, bis sie an der Oberfläche schwimmen.

3. Das Basilikum waschen und trockenschütteln, die Blätter abzupfen und hacken. Das Basilikum unter die Sauce rühren (die Sauce darf dabei nicht mehr kochen). Die Gnocchi mit dem Schaumlöffel herausheben und in einer Schüssel in der restlichen Butter schwenken. Die Gnocchi mit der Hackfleischsauce anrichten.

Kleine Nudel-Quiches mit Schinken und Erbsen

Für ca. 5 Stück

200 g Vollkornmehl · 100 g kalte Butterwürfel
1 Eigelb · Salz · Butter und Mehl für die Förmchen
2 Frühlingszwiebeln (nur das Weiße)
80 g gekochter Schinken (am Stück)
120 g gegarte kleine Makkaroni
80 g tiefgekühlte Erbsen (aufgetaut)
50 g geriebener Emmentaler
3 Eier · 100 g Sahne

1. Mehl, Butterwürfel, Eigelb, 2 EL Wasser und 1 Prise Salz rasch zu einem Mürbeteig verkneten und zugedeckt 30 Minuten kühl stellen.

2. Den Backofen auf 180 °C (Umluft 160 °C) vorheizen. Die Quicheförmchen (à 12 cm Durchmesser) mit Butter einfetten und mit Mehl bestäuben. Den Teig nochmals durchkneten, in 5 Portionen teilen und dünn ausrollen. Die Förmchen damit auskleiden.

3. Die Frühlingszwiebeln putzen, waschen und fein hacken, den Schinken in Würfel schneiden. Beides mit den Makkaroni, den Erbsen und dem Käse mischen. Die Eier und die Sahne verquirlen, leicht mit Salz würzen und unter die Schinkenfüllung mischen.

4. Die Füllung auf die Förmchen verteilen und die Schinken-Nudel-Quiches im Ofen auf der mittleren Schiene 20 bis 25 Minuten goldbraun backen.

Reisbällchen mit Hähnchen und Gemüse

Für 1 Baby und 2 Erwachsene

80 g Duftreis · 300 g gemischtes Gemüse (z. B. Sojabohnensprossen, Möhre, Frühlingszwiebeln, Pak-Choi) · 1 EL Öl
je $^{1}/_{8}$ l Kokos- und Sojamilch
$^{1}/_{2}$ TL gemahlenes Zitronengras
1 EL Kokosflocken · 350 g Hähnchenbrustfilet
Salz · 1 EL gehackter Koriander

1. Den Reis mit 200 ml Wasser aufkochen und bei schwacher Hitze etwa 15 Minuten köcheln lassen. Vom Herd nehmen und zugedeckt quellen lassen.

2. Das Gemüse putzen, schälen bzw. waschen und in feine Streifen schneiden. Das Öl in einer Pfanne erhitzen und das Gemüse darin andünsten. Mit der Kokos- und Sojamilch ablöschen. Das Zitronengras und die Kokosflocken unterrühren und alles 5 Minuten köcheln lassen.

3. Das Hähnchenfleisch waschen, trockentupfen und in mundgerechte Stücke schneiden. Die Hähnchenstücke leicht mit Salz würzen und auf das Gemüsebett legen. Mit dem Koriander bestreuen und zugedeckt bei schwacher Hitze 7 bis 10 Minuten garen.

4. Die Hähnchenstücke mit dem Gemüse anrichten. Aus dem Reis mit angefeuchteten Händen kleine Kugeln formen und dazu servieren.

Kleine Geflügel-Laubfrösche mit Tomatenkompott

Für 12 Stück

150 g Garnelen (geschält und entdarmt)
220 g Hähnchenbrustfilet · 200 g Sahne
2 Eiweiß · 2 Msp. Fünf-Gewürze-Pulver
Salz · 400 g Blattspinat · Fett für die Form
300 g Cocktailtomaten · 1 EL Olivenöl
50 ml Geflügelbrühe · 1 TL Honig
1 EL gehackter Rosmarin

1. Den Backofen auf 180 °C (Umluft 160 °C) vorheizen. Die Garnelen waschen, trockentupfen und die Hälfte in Würfel schneiden. Das Hähnchenfleisch waschen, trockentupfen und ebenfalls in Würfel schneiden. Die ganzen Garnelen mit dem Hähnchenfleisch und der Sahne fein pürieren. Die Eiweiße steif schlagen und vorsichtig mit den Garnelenwürfeln unter das Püree ziehen. Mit Fünf-Gewürze-Pulver und Salz abschmecken.

2. Den Spinat in kochendem Wasser blanchieren, kalt abschrecken und abtropfen lassen. Die Mini-Muffinform einfetten, die Vertiefungen mit Spinatblättern auskleiden und die Hähnchenmasse darauf verteilen. Die Muffinform in ein mit Wasser gefülltes tiefes Backblech stellen und die Laubfrösche im Ofen auf der mittleren Schiene etwa 20 Minuten garen.

3. Die Tomaten überbrühen, häuten und halbieren. Das Olivenöl erhitzen und die Tomaten darin anbraten. Mit der Brühe ablöschen, Honig und Rosmarin dazugeben. Die Laubfrösche aus der Form stürzen und mit dem Tomatenkompott anrichten.

Makkaroni mit Spinat, Tomaten und Hähnchen

Für 1 Baby und 1 Erwachsenen

1 EL Butter · 1 1/2 EL Semmelbrösel
100 ml Milch · 100 g Sahne
1 EL heller Saucenbinder
1 EL geriebener Parmesan · Salz
100 g tiefgekühlter Blattspinat (aufgetaut)
150 g kleine Makkaroni
120 g Hähnchenbrustfilet
60 g Cocktailtomaten · 1 EL Öl · Zucker

1. Die Butter in einem kleinen Topf zerlassen, die Semmelbrösel darin goldbraun rösten und beiseite stellen.

2. Die Milch mit der Sahne aufkochen und den Saucenbinder unterrühren. Den Parmesan untermischen und die Sauce mit Salz abschmecken. Den Spinat fein hacken und in der Sauce erwärmen.

3. Die Makkaroni weich (nicht al dente) garen und in einem Sieb abtropfen lassen. Die Nudeln in die Sauce geben und warm halten.

4. Das Hähnchenfleisch waschen, trockentupfen und in Würfel schneiden. Die Tomaten waschen und vierteln. Das Öl in einer Pfanne erhitzen, Hähnchen und Tomaten darin etwa 3 Minuten braten. Mit 1 Prise Zucker und Salz abschmecken.

5. Hähnchen und Tomaten unter die Nudeln und die Sauce mischen. Die Nudeln auf Teller verteilen und die gerösteten Brösel darübergeben. Die Erwachsenen können noch Pfeffer grob darübermahlen.

Nudeln mit Ofengemüse und Mandelpesto

Für 1 Baby und 2 Erwachsene

300 g Knollensellerie · 200 g Möhren
1 EL Butter · Salz · Zucker
1 Bund Basilikum · 50 g gemahlene Mandeln
1 EL geriebener Pecorino · 50 ml Olivenöl
200 g Nudeln nach Wahl

1. Den Backofen auf 180 °C (Umluft 160 °C) vorheizen. Den Sellerie und die Möhren putzen, schälen und in kleine Würfel schneiden. Die Gemüsewürfel in eine ofenfeste Form geben, die Butter und je 1 Prise Salz und Zucker hinzufügen und das Gemüse im Ofen auf der mittleren Schiene etwa 30 Minuten weich garen.

2. Basilikum waschen und trockenschütteln, die Blätter von den Stielen zupfen. Die Basilikumblätter mit den Mandeln, dem Pecorino und dem Olivenöl zu einer feinen Paste pürieren. Das Pesto mit wenig Salz würzen.

3. Die Nudeln in kochendem Wasser weich (nicht al dente) garen, in ein Sieb abgießen und abtropfen lassen.

4. Das Gemüse aus dem Ofen nehmen, mit einer Gabel grob zerdrücken und mit 50 ml heißem Wasser verdünnen. Das Ofengemüse mit den Nudeln mischen und das Mandelpesto darübergeben.

Kalbfleischpflanzerl mit Maisbrei

Für 1 Baby und 2 Erwachsene

1 kleine Zwiebel · 1 TL Butter
1 TL gehackte Petersilie · 2 Dinkelzwiebäcke
60 ml Milch · 300 g Kalbshackfleisch
Salz · 1 mehlig kochende Kartoffel (ca. 100 g)
200 g Maiskörner (aus der Dose)
100 ml Geflügelbrühe · 1–2 EL Öl

1. Die Zwiebel schälen und fein hacken. Die Butter zerlassen und die Zwiebel darin glasig dünsten. Die Petersilie hinzufügen und kurz mitdünsten.

2. Die Zwiebäcke in der Milch einweichen und mit der Zwiebel-Petersilien-Mischung unter das Hackfleisch mischen. Die Masse kräftig durchkneten und mit Salz abschmecken. Sollte sie zu weich sein, etwas geriebenen Dinkelzwieback unterrühren.

3. Die Kartoffel schälen und grob raspeln. Die Maiskörner in ein Sieb abgießen und abtropfen lassen. Kartoffel und Mais mit der Brühe in einen Topf geben und bei schwacher Hitze etwa 15 Minuten köcheln lassen. Das Gemüse mit dem Stabmixer pürieren.

4. Aus der Hackmasse mit angefeuchteten Händen golfballgroße Kugeln formen und flach drücken. Das Öl in einer beschichteten Pfanne erhitzen und die Fleischpflanzerl darin auf beiden Seiten goldbraun braten. Den Maisbrei auf Teller verteilen und die Fleischpflanzerl darauf anrichten. Nach Belieben 2 Möhren schälen, längs in Streifen schneiden, in Öl frittieren und dazu servieren.

Bratwurst mit Möhren und Kartoffelpüree

Für 1 Baby und 1 Erwachsenen

400 g mehlig kochende Kartoffeln (lila Kartoffeln sind besonders dekorativ)
100 ml heiße Milch · 50 g Butter
1 Bund kleine Möhren · Salz
Mark von $^1/_2$ Vanilleschote · Zucker
1 EL Öl · 5 kleine Kalbsbratwürste

1. Die Kartoffeln waschen und in der Schale weich garen. Abgießen, pellen und durch die Kartoffelpresse drücken. Die Milch und 30 g Butter unterrühren und das Kartoffelpüree warm halten.

2. Die Möhren putzen, schälen und im Ganzen in kochendem Wasser mit wenig Salz weich garen. In ein Sieb abgießen und abtropfen lassen.

3. Die restliche Butter in einer Pfanne zerlassen, das Vanillemark und je 1 Prise Salz und Zucker dazugeben. Die Möhren in der Würzbutter schwenken.

4. Das Öl in einer zweiten Pfanne erhitzen und die Würstchen darin goldbraun braten. Die Würstchen halbieren, mit dem Kartoffelpüree und den glasierten Möhren anrichten.

Schweinebraten mit Kartoffeltalern und Erbsenbrei

Für 1 Baby und 2 Erwachsene

500 g Spanferkelkeule (vom Metzger zu einem 6 cm dicken Rollbraten gebunden) · Salz
3 EL Öl · 1 Bund Suppengemüse · 1 TL Zucker
1 TL Tomatenmark · $^1/_2$ l Gemüsebrühe
400 g heiße gegarte Kartoffeln (mehlig kochend)
1 Eigelb · 1 EL Mehl
200 g tiefgekühlte Erbsen (aufgetaut)
1 EL Butter · 1 EL Crème fraîche

1. Den Backofen auf 180 °C (Umluft 160 °C) vorheizen. Den Rollbraten leicht salzen. In einer ofenfesten Pfanne 1 EL Öl erhitzen, das Fleisch darin anbraten und herausnehmen. Das Suppengemüse schälen bzw. waschen, in kleine Würfel schneiden und in der Pfanne in 1 EL Öl anbraten. Zucker und Tomatenmark 1 Minute mitrösten. Die Brühe dazugießen und den Braten zurück in die Pfanne geben. Den Schweinebraten im Ofen auf der mittleren Schiene etwa 1 Stunde schmoren.

2. Die Kartoffeln pellen und durch die Kartoffelpresse drücken. Mit dem Eigelb, dem Mehl und 1 Prise Salz zu einem Teig kneten. Aus dem Teig kleine Taler formen, im restlichen Öl portionsweise goldbraun braten.

3. Die Erbsen mit der Butter und der Crème fraîche 2 Minuten köcheln lassen und mit dem Stabmixer fein pürieren. Den Braten aus dem Ofen nehmen und nach Belieben Saucenbinder unter den Fond rühren. Zum Servieren für das Baby die Kartoffeltaler zerdrücken, das Fleisch in Scheiben schneiden und mit dem Erbsenbrei anrichten.

Kleiner Hackbraten mit Kartoffelschmarren

Für 1 Baby und 2 Erwachsene

1–2 Brötchen (vom Vortag) · 100 ml Milch
1 kleine weiße Zwiebel (gehackt) · ca. 2 EL Butter
2 EL gehackte Petersilie · 1 EL Tomatenmark
3 Eier · 1 TL gehackter Majoran · Salz
1 TL süßer Senf · 500 g gemischtes Hackfleisch
250 g heiße gegarte Kartoffeln (mehlig kochend)
3 EL Mehl · 3 EL Speisestärke
200 g gemischte Pilze · 1 EL Butterschmalz

1. Den Backofen auf 200 °C (Umluft 180 °C) vorheizen. Brötchen in etwas lauwarmem Wasser und 2 EL Milch einweichen. Zwiebel in 1/2 EL Butter andünsten, 1 EL Petersilie dazugeben. Die Brötchen ausdrücken, mit der Zwiebelmischung, Tomatenmark, 1 Ei, Majoran, Salz und Senf unter das Hackfleisch kneten. Die Masse zu einem Laib formen, in eine ofenfeste Pfanne geben und im Ofen 30 Minuten garen. Nach 10 Minuten 1/8 l lauwarmes Wasser dazugießen. Den Braten ab und zu mit dem Fond übergießen.

2. Kartoffeln pellen und durch die Presse drücken. Die restlichen Eier trennen. Eigelbe, die restliche Milch, Mehl und Stärke verrühren. Eiermilch und Kartoffelpüree mischen, die Eiweiße steif schlagen und unterheben, mit Salz würzen. In eine gebutterte ofenfeste Pfanne geben, auf dem Herd anbraten und im Ofen bei 200 bzw. 180 °C 10 Minuten garen.

3. Pilze putzen und klein schneiden. Den Kartoffelschmarren aus dem Ofen nehmen und in Stücke zupfen. Mit den Pilzen im Butterschmalz braten, 1 EL Petersilie untermischen.

Fleischbällchen mit grünem Kartoffelbrei

Für 1 Baby und 2 Erwachsene

2 Scheiben Vollkorntoast · 370 ml Milch
1 kleine weiße Zwiebel · 2 EL Butter
2 EL gehackte Champignons
1 Ei · 1 EL gehacktes Basilikum
250 g gemischtes Hackfleisch · Salz · 2 EL Öl
300 g heiße gegarte Kartoffeln (mehlig kochend)
150 g tiefgekühlte Erbsen (aufgetaut)

1. Das Toastbrot in 70 ml Milch einweichen. Die Zwiebel schälen und fein hacken. In einer Pfanne 1/2 EL Butter zerlassen, die Zwiebel mit den Champignons darin andünsten. Das Toastbrot ausdrücken und mit der Zwiebelmischung, dem Ei und dem Basilikum unter das Hackfleisch kneten. Mit Salz würzen. Aus der Hackmasse mit angefeuchteten Händen kleine Bällchen formen. Das Öl in der Pfanne erhitzen, die Hackbällchen darin portionsweise rundum goldbraun braten.

2. Die Kartoffeln pellen und durch die Kartoffelpresse in einen Topf pressen. Die restliche Milch aufkochen, 200 ml über die Kartoffeln gießen und mit einem Holzlöffel leicht unterheben. Die Erbsen und die restliche Butter mit dem Stabmixer fein pürieren. Das Erbsenpüree unter den Kartoffelbrei heben und den Brei mit Salz abschmecken.

3. Die Hackbällchen mit dem Kartoffelbrei anrichten und nach Belieben in Butter kross gebratene Toastbrotwürfel darüberstreuen.

Wurstgulasch mit Gurken und Paprika

Für 1 Baby und 1 Erwachsenen

1 Bund Suppengemüse
200 g Kalbfleisch (Beinscheiben)
1 Lorbeerblatt · Salz · 1 weiße Zwiebel
je 80 g Kindersalami und Jagdwurst
1 große rote Paprikaschote
2 Gewürzgurken · 2 EL Öl · 1/2 l Gemüsebrühe
150 g Ketchup · 75 g Tomatenmark

1. Suppengemüse schälen bzw. waschen, grob zerkleinern und in 700 ml Wasser aufkochen. Das Kalbfleisch in Stücke schneiden und mit dem Lorbeerblatt und 1 Prise Salz dazugeben. Das Fleisch zugedeckt bei ganz schwacher Hitze etwa 1 Stunde köcheln lassen. Das Fleisch aus dem Sud heben und in kleine Würfel schneiden.

2. Die Zwiebel schälen und fein hacken. Salami und Jagdwurst in kleine Würfel schneiden. Die Paprikaschote längs halbieren, entkernen, waschen und mit dem Sparschäler schälen. Paprika und Gewürzgurken in feine Streifen schneiden. Das Öl in einem großen Topf erhitzen und die Zwiebel darin anbraten. Die Wurstwürfel hinzufügen und kurz mitbraten. Dann die Paprikastreifen unterrühren und kurz mitbraten. Die Gewürzgurken hinzufügen und die Brühe dazugießen.

3. Die Fleischwürfel in das Gulasch geben. Mit Ketchup, Tomatenmark und Salz würzen und zugedeckt bei schwacher Hitze etwa 20 Minuten köcheln lassen. Das Wurstgulasch nach Belieben mit Kartoffeln, Reis oder Weizenkeimen anrichten.

Fischfilet mit Brotkruste auf Rote-Beete-Stampf

Für 1 Baby und 2 Erwachsene

380 g Fischfilet (ohne Gräten; z. B. Kabeljau)
Salz · Saft von 1/2 Zitrone
150 g Toastbrot · 60 g weiche Butter
1 Eigelb · 1 TL Leinsamen · 1 EL Butterschmalz
150–200 ml Milch · 1 TL Butter
Muskatnuss · 1 Msp. gehackter Rosmarin
150 g gegarte Rote Beete (vakuumverpackt)
250 g heiße gegarte Kartoffeln (mehlig kochend)

1. Den Backofen auf 180 °C (Umluft 160 °C) vorheizen. Das Fischfilet waschen, trockentupfen, mit Salz würzen und mit dem Zitronensaft beträufeln. Das Toastbrot in feine Würfel schneiden. Die Butter mit dem Handrührgerät schaumig schlagen. Das Eigelb unter die Butter rühren, die Brotwürfel und den Leinsamen unterheben. Mit Salz würzen.

2. Den Fisch auf einer Seite mit der Brotmasse bestreichen. Das Butterschmalz in einer ofenfesten Pfanne zerlassen, den Fisch auf der nicht bestrichenen Seite darin anbraten. Dann im Ofen auf der mittleren Schiene 5 Minuten garen. Den Backofengrill einschalten und die Brotkruste bräunen.

3. Die Milch mit der Butter, je 1 Prise Salz und Muskatnuss und dem Rosmarin aufkochen. Die Rote Beete im Ofen oder in der Mikrowelle erwärmen. Die Kartoffeln pellen, mit der Roten Beete und etwas Würzmilch mit dem Kartoffelstampfer zerdrücken. Je nach gewünschter Konsistenz noch etwas Milch hinzufügen. Die Fischfilets auf dem Rote-Beete-Stampf anrichten.

Mini-Fischburger mit Kartoffelecken und Sauerrahmdip

Für 1 Baby und 2 Erwachsene

400 g kleine fest kochende Kartoffeln
4 Zweige Thymian · Salz · 2 EL Olivenöl
320 g Fischfilet (ohne Gräten; z. B. Lachs, Kabeljau oder Rotbarsch)
200 g Sahne · 1 EL gehackte Petersilie
250 g Cornflakes · ca. 3 EL Mehl · 1 Ei
1–2 EL Öl · 200 g saure Sahne · 1 EL Ketchup
1 TL Birnendicksaft · 1 Msp. Currypulver

1. Den Backofen auf 200 °C (Umluft 180 °C) vorheizen. Die Kartoffeln gründlich waschen und vierteln. Den Thymian waschen und trockenschütteln. Kartoffeln und Thymianzweige in eine ofenfeste Form geben, mit Salz würzen und mit dem Olivenöl beträufeln. Die Kartoffelecken im Ofen auf der mittleren Schiene 30 bis 45 Minuten garen.

2. Das Fischfilet waschen, trockentupfen und klein schneiden. Gut gekühlt mit der Sahne in der Küchenmaschine fein pürieren, die Petersilie und 1 Prise Salz unterrühren. Die Cornflakes in einen Gefrierbeutel geben und mit dem Nudelholz fein zerbröseln. Aus der Fischmasse mit eingeölten Händen 8 kleine Burger formen. Die Fischburger zuerst im Mehl, dann im verquirlten Ei und zuletzt in den Cornflakesbröseln wenden.

3. Die Fischburger im heißen Öl portionsweise knusprig braten und auf Küchenpapier abtropfen lassen. Die restlichen Zutaten zu einem Dip verrühren. Die Burger mit dem Dip und den Kartoffelecken anrichten.

Grüne Fischstäbchen mit Süßkartoffeln

Für 1 Baby und 1 Erwachsenen

200 g Fischfilet (ohne Gräten; z. B. Rotbarsch)
Salz · 1 Bund Basilikum · $^{1}/_{2}$ Bund Petersilie
200 g Toastbrot · 2 EL Mehl · 1 Ei
500 g Süßkartoffeln · 1 EL Butter
2 cm kandierter Ingwer (Asienladen)
100 g Sahne · 1–2 EL Öl · $^{1}/_{2}$ Salatgurke
1 TL gehackter Dill · Zucker

1. Den Fisch waschen, trockentupfen, in breite Streifen schneiden und mit Salz würzen.

2. Die Kräuter waschen und trockenschütteln, die Blätter von den Stielen zupfen. Das Toastbrot in grobe Würfel schneiden und in der Küchenmaschine mit den Kräuterblättern fein mahlen, bis die Brösel grün sind. Die Fischstücke zuerst im Mehl, dann im verquirlten Ei und zuletzt in den grünen Bröseln wenden.

3. Den Backofen auf 160 °C (Umluft 140 °C) vorheizen. Die Süßkartoffeln schälen und in 1 cm große Würfel schneiden. Die Butter in einem ofenfesten Topf zerlassen und die Kartoffelwürfel darin anbraten. Den Ingwer fein hacken und mit der Sahne zu den Kartoffeln geben. Mit Salz würzen und im Ofen auf der mittleren Schiene 25 Minuten schmoren.

4. Die Fischstäbchen im heißen Öl portionsweise knusprig braten. Die Gurke schälen und grob raspeln, mit dem Dill und 1 Prise Zucker würzen. Die Süßkartoffeln mit der Gabel leicht zerdrücken, mit den Fischstäbchen und dem Gurkensalat anrichten.

Bratapfel mit Sojamilchpolenta

Für 1 Baby und 1 Erwachsenen

3 kleine Nikolausäpfel (z. B. Gloster)
4 getrocknete Aprikosen
20 g Marzipanrohmasse
1 EL gemahlene Haselnüsse
1 EL Mandelblättchen
1 EL Butter · 200 ml Sojamilch
2 EL Instant-Polenta · Zimtpulver

1. Den Backofen auf 180 °C (Umluft 160 °C) vorheizen. Die Äpfel waschen und mit einem Ausstecher die Kerngehäuse entfernen.

2. Die Aprikosen fein hacken und mit dem Marzipan und den Haselnüssen verkneten. Jeweils etwas Füllung in die ausgehöhlten Äpfel drücken. Die Äpfel auf ein mit Backpapier ausgelegtes Backblech setzen und im Ofen auf der mittleren Schiene je nach Größe der Äpfel 20 bis 30 Minuten backen.

3. Die Mandelblättchen grob hacken. Die Butter in einer kleinen Pfanne zerlassen und die Mandeln darin goldbraun rösten.

4. Die Sojamilch langsam aufkochen und die Polenta unter Rühren einstreuen. Den Topf vom Herd nehmen und die Polenta 10 Minuten quellen lassen. Die Polenta mit Zimt bestäuben und in kleinen Schüsseln mit den Bratäpfeln anrichten. Die gerösteten Mandeln darübergeben.

Möhrenspaghetti mit Joghurt und Nüssen

Für 1 Baby und 1 Erwachsenen

3 Möhren · Salz · Zucker
30 g gemahlene Haselnüsse
$\frac{1}{2}$ Banane · 100 g Joghurt
1 TL Rapsöl

1. Die Möhren putzen, schälen und in lange, möglichst feine Streifen schneiden oder raspeln. Je 1 Prise Salz und Zucker dazugeben und die Möhrenstreifen mit den Händen kneten, bis sie Saft ziehen und weich werden.

2. Die Nüsse in einer beschichteten Pfanne ohne Fett rösten. Vom Herd nehmen und abkühlen lassen.

3. Die Banane schälen und mit der Gabel zerdrücken. Das Bananenmus mit dem Joghurt mischen und das Öl unterrühren. Die Möhrenstreifen nach Belieben unter den Joghurt heben oder den Joghurt auf Schälchen verteilen und die Möhren darauf anrichten. Zuletzt mit den gerösteten Nüssen bestreuen.

Florentiner Milchreis mit Aprikosen und Banane

Für 1 Baby und 1 Erwachsenen

100 g Milchreis · 1 TL Honig
Mark von 1 Vanilleschote
400 ml Milch · 1 Banane
30 g getrocknete Aprikosen
4 EL Butter · 50 g Mandelblättchen
30 g Schokospäne

1. Am Vorabend den Milchreis in einem kleinen Topf mit dem Honig, dem Vanillemark und der Milch bei schwacher Hitze 20 Minuten köcheln lassen. Vom Herd nehmen und zugedeckt 30 Minuten ziehen lassen.

2. Die Banane schälen und in kleine Würfel schneiden. Die Aprikosen klein hacken. Die Butter zerlassen, die Banane, die Aprikosen und die Mandelblättchen dazugeben. Alles etwa 5 Minuten köcheln und dann abkühlen lassen.

3. Den Milchreis langsam erwärmen und die Bananen-Aprikosen-Mischung darübergeben. Den Reis auf Schälchen verteilen und mit Schokospänen garnieren.

Ananas-Crumble mit Zimstreuseln

Für 1 Baby und 2 Erwachsene

1 kleine reife Ananas · 200 ml Bananensaft
3 EL Rohrzucker · Mark von 1 Vanilleschote
1 kleines Stück kandierter Ingwer (fein gehackt)
200 g Buchweizen- oder Maismehl
100 g Butter · 1 EL Zucker · Zimtpulver

1. Den Backofen auf 190 °C (Umluft 170 °C) vorheizen. Die Ananas schälen und halbieren, den Strunk entfernen und das Fruchtfleisch in kleine Würfel schneiden.

2. Bananensaft, Rohrzucker, Vanillemark und Ingwer in einem Topf bei mittlerer Hitze 2 Minuten köcheln lassen. Die Ananaswürfel dazugeben und etwa 5 Minuten köcheln lassen, bis sie weich sind. Die Ananasmischung in eine ofenfeste Form geben.

3. Mehl, Butter, Zucker und 1 Prise Zimt in einer Schüssel mit den Händen so vermischen, dass Streusel entstehen. Die Zimtstreusel über die Ananas streuen und den Crumble im Ofen auf der mittleren Schiene 20 bis 30 Minuten goldbraun backen. Den Ananas-Crumble vor dem Servieren etwas abkühlen lassen.

Holundermilchreis mit Aprikosen

Für 1 Baby und 2 Erwachsene

1 TL Butter · 100 g Risottoreis
200 ml Milch · 1/2 Vanilleschote
150 g Sahne · 80 ml Holunderblütensirup
140 g Aprikosen · 100 g Dinkelkekse
(oder andere zuckerarme Kekse)

1. Die Butter in einem Topf zerlassen und den Reis darin glasig dünsten. Die Milch dazugießen und den Reis unter gelegentlichem Rühren bei schwacher Hitze 10 Minuten köcheln lassen.

2. Die Vanilleschote längs aufschlitzen und mit einem spitzen Messer das Mark herauskratzen. Das Vanillemark mit der Sahne und dem Sirup zum Reis geben und den Milchreis weitere 12 Minuten sanft köcheln lassen.

3. Die Aprikosen waschen, entsteinen und klein schneiden. Den Milchreis vom Herd nehmen, die Aprikosen zum Reis geben und zugedeckt etwa 30 Minuten ziehen lassen. Eventuell noch etwas Milch dazugießen.

4. Die Kekse in einen Gefrierbeutel geben, den Beutel gut verschließen und die Kekse mit dem Nudelholz fein zerbröseln. Den Reis mit den Aprikosen in Schälchen anrichten und mit den Keksbröseln bestreuen.

Obstsalat mit Ricotta und kleinen Reiswaffeln

Für 1 Baby und 2 Erwachsene

10 Erdbeeren · 1 Banane
1 reife Birne · 1 kleine Mango
1/2 Honigmelone · 150 g cremiger Ricotta
2 EL Birnen- oder Apfeldicksaft
1 Packung kleine Zimtreiswaffeln (zuckerfrei)

1. Die Erdbeeren putzen, waschen und je nach Größe vierteln oder achteln. Die Banane schälen und in Scheiben oder Würfel schneiden. Die Birne schälen, entkernen und in Würfel schneiden. Die Mango schälen, das Fruchtfleisch zuerst in breiten Streifen vom Stein und dann in Würfel schneiden. Die Melone schälen, entkernen und das Fruchtfleisch ebenfalls in Würfel schneiden. Alle Obstsorten mischen.

2. Den Ricotta mit dem Birnen- oder Apfeldicksaft verrühren. Den Obstsalat auf Schälchen verteilen und etwas Ricotta darübergeben. Die Reiswaffeln zum Knabbern dazu servieren.

Tipp: Natürlich kann man die Obstsorten auch je nach Saison und Geschmack variieren. Zum Beispiel kann man die Erdbeeren und die Melone durch 1 Apfel und 1 Mandarine ersetzen und noch gemahlene Nüsse über den Obstsalat streuen.

Käsemuffins mit Schinkenwürfeln

Für 12 Stück

100 g gekochter Schinken (am Stück)
200 g Mehl · 2 TL Backpulver
Muskatnuss · 80 g geriebener Emmentaler
60 g Butter · 1 Ei · 200 ml Milch

1. Den Backofen auf 180 °C (Umluft 160 °C) vorheizen. Den Schinken in kleine Würfel schneiden. Das Mehl und das Backpulver in eine Schüssel sieben, 1 Prise Muskatnuss, den geriebenen Käse und die Schinkenwürfel untermischen.

2. Die Butter zerlassen. In einer zweiten Schüssel das Ei, die Milch und die leicht abgekühlte flüssige Butter gut verrühren. Die Eimischung zur Mehlmischung geben und dabei mit dem Schneebesen oder Kochlöffel nur so lange rühren, bis alle Zutaten feucht sind.

3. Papierförmchen in die Vertiefungen der Mini-Muffinform setzen und je 1 EL Teig einfüllen. Die Käsemuffins im Ofen auf der mittleren Schiene 15 bis 20 Minuten goldbraun backen. Aus dem Ofen nehmen und 5 Minuten in der Form ruhen lassen. Dann aus den Formen lösen und etwas abkühlen lassen.

Mini-Calzone mit Tomaten und Mozzarella

Für 4–5 Stück

150 g Mehl · Salz · 8 g frische Hefe
3 TL Olivenöl · 1/2 Bund Rucola
2 Scheiben Parmaschinken · 1 EL Pinienkerne
125 g Mozzarella · 80 g Tomatenwürfel

1. Das Mehl mit dem Salz in eine Schüssel geben. Die Hefe in 75 ml lauwarmem Wasser auflösen und mit 1 TL Olivenöl zum Mehl geben. Alles zu einem glatten, geschmeidigen Teig verkneten (sollte er etwas kleben, noch Mehl dazugeben). Den Teig an einem warmen Ort etwa 30 Minuten gehen lassen.

2. Für die Füllung den Rucola verlesen, waschen und trockenschütteln, grobe Stiele entfernen. Die Rucolablätter ebenso wie den Parmaschinken, die Pinienkerne und den Mozzarella hacken bzw. klein schneiden. Das restliche Olivenöl erhitzen und die vorbereiteten Zutaten mit den Tomatenwürfeln darin andünsten. Vom Herd nehmen und etwas abkühlen lassen.

3. Den Backofen auf 220 °C (Umluft 200 °C) vorheizen. Den Pizzateig noch einmal durchkneten, in 4 bis 5 Portionen teilen und zu Fladen mit etwa 12 cm Durchmesser ausrollen. Jeweils etwas Füllung in die Mitte der Fladen setzen und den Teig zu Halbmonden zusammendrücken. Die Mini-Calzone auf ein mit Backpapier ausgelegtes Backblech setzen und im Ofen auf der mittleren Schiene etwa 10 Minuten goldbraun backen. Vor dem Servieren etwas abkühlen lassen.

Quarkmousse mit Haferpoppies und Kirschen

Für 1 Baby und 2 Erwachsene

100 g Magerquark · 1 EL Puderzucker
Mark von $1/2$ Vanilleschote
100 g Sahne · 2 Eiweiß
100 g süße Kirschen · 1 EL Kirschmarmelade (zuckerarmer Fruchtaufstrich)
80 g Haferpoppies (Reformhaus)

1. Den Quark mit dem Puderzucker und dem Vanillemark verrühren. Die Sahne und die Eiweiße getrennt steif schlagen und unter den Quark heben.

2. Die Quarkmasse in ein mit einem Küchentuch ausgelegtes Sieb geben und einen tiefen Teller darunterstellen. Den Quark im Kühlschrank 1 Stunde abtropfen lassen.

3. Die Kirschen verlesen, waschen und entsteinen. In kleine Würfel schneiden und mit der Marmelade mischen.

4. Die Quarkmousse aus dem Kühlschrank nehmen und auf Schälchen verteilen. Die Kirschen über die Mousse geben und mit den Haferpoppies bestreuen.

Himbeer-Joghurt-Eis am Stiel mit buntem Puffreis

Für 6–8 Stück

100 g Himbeeren · 2 Bananen
200 g Joghurt · 1 Päckchen Vanillezucker
1 TL Honig · 200 g Sahne
50 g bunter Puffreis

1. Die Himbeeren verlesen, waschen und trockentupfen. Bananen schälen und klein schneiden. Die Himbeeren mit den Bananen, dem Joghurt, dem Vanillezucker und dem Honig in einen Rührbecher geben und mit dem Stabmixer pürieren.

2. Die Sahne steif schlagen und locker mit dem Schneebesen unter die Himbeer-Joghurt-Masse ziehen. Zuletzt den Puffreis unterheben.

3. Die Joghurtmasse auf Eisförmchen verteilen und in jede Portion einen Holzstiel stecken. Das Himbeereis im Tiefkühlfach mindestens 4 bis 5 Stunden gefrieren.

Tipp: Wer das Eis ohne Joghurt und Sahne zubereiten möchte, verwendet 250 g tiefgekühlte Himbeeren und $1/2$ l Birnensaft.

Kleine Fladenbrote mit Kichererbsenpüree

Für 1 Baby und 2 Erwachsene

200 g Buchweizenmehl · 10 g frische Hefe
1 TL gehackter Rosmarin · Salz · Zucker
350 g Kichererbsen (aus der Dose)
4 getrocknete Aprikosen (in warmem Wasser eingeweicht) · 2 EL Rapsöl · 1 TL Honig
1 EL Mandelmus · Currypulver
1/2 Salatgurke · 50 g weiße Sesamsamen

1. Für die Fladen das Mehl in einer Schüssel mit der Hefe, dem Rosmarin und je 1 Prise Salz und Zucker mischen. Mit 120 ml lauwarmem Wasser zu einem glatten, elastischen Teig verkneten und an einem warmen Ort 30 Minuten gehen lassen.

2. Die Kichererbsen in ein Sieb abgießen und abtropfen lassen. Die Aprikosen grob hacken. Beides mit dem Öl, dem Honig, dem Mandelmus und 1 Prise Curry in einen Rührbecher geben und mit dem Stabmixer fein pürieren. Wenn das Püree zu fest ist, eventuell etwas Apfelsaft dazugießen.

3. Von dem Teig walnussgroße Stücke abnehmen und jeweils zu kleinen Fladen ausrollen. Die Fladen 15 Minuten gehen lassen, dann portionsweise in einer beschichteten Pfanne bei schwacher Hitze auf beiden Seiten etwa 5 Minuten braten.

4. Die Gurke schälen und der Länge nach in Stifte schneiden. Die Gurken-Sticks mit der Spitze in den Sesamsamen wenden. Die Fladen mit dem Kichererbsenpüree und den Gurken-Sticks anrichten.

Tramezzini-Röllchen mit Kartoffelkugeln

Für 1 Baby und 2 Erwachsene

1 Salatgurke · Salz · Zucker
3 große Blätter Kopfsalat
5 Scheiben Tramezzini-Brot (12 x 20 cm)
Tee- oder Streichwurst
100 g kaltes Kartoffelpüree
1 TL Röstzwiebeln (Fertigprodukt)
1 TL weiße Sesamsamen

1. Die Gurke schälen und schräg in lange Scheiben schneiden. Die Gurkenscheiben mit wenig Salz und Zucker bestreuen und Wasser ziehen lassen.

2. Die Salatblätter waschen, trockentupfen und in Streifen schneiden. Die Gurkenscheiben trockentupfen. Die Brotscheiben gleichmäßig mit der Wurst bestreichen, mit Gurkenscheiben und Salatstreifen belegen.

3. Wer eine Sushimatte hat, legt jeweils eine Brotscheibe darauf und rollt sie wie eine Sushirolle auf. Ansonsten nimmt man Klarsichtfolie zum Aufrollen der Brote. Die Brotröllchen schräg in Stücke schneiden.

4. Von dem Kartoffelpüree nussgroße Portionen abnehmen und zu kleinen Kugeln formen. Die Röstzwiebeln und die Sesamsamen auf einen kleinen Teller geben und die Kartoffelkugeln darin wälzen. Die Tramezzini-Röllchen mit den Kartoffelkugeln anrichten.

Apfelrohkost mit Frischkäsekugeln

Für 1 Baby und 2 Erwachsene

150 g Doppelrahmfrischkäse
250 g Magerquark
2 EL gemischte gehackte Kräuter
(z. B. Basilikum, Dill, Estragon)
2 EL gemischte gehackte Nüsse
(z. B. Haselnüsse, Walnüsse)
2 EL fein gehackter Pumpernickel
je 1 Apfel, Möhre und Rettich
1 EL Rapsöl · 1 TL Apfeldicksaft · Zimtpulver

1. Frischkäse und Quark vermischen, in ein Küchentuch geben und auspressen, bis die Masse schön fest ist.

2. Aus der Käsemasse kleine Kugeln formen und jeweils ein Drittel der Kugeln in den gehackten Kräutern, den Nüssen und den Pumpernickelbröseln wälzen.

3. Apfel, Möhre und Rettich schälen. Den Apfel vierteln und entkernen. Alles auf der Gemüsereibe fein raspeln, mit dem Öl, dem Apfeldicksaft und 1 Prise Zimt vermischen und 10 Minuten marinieren. Wer möchte, kann noch 1 EL geröstete Sonnenblumenkerne untermischen.

4. Den Rohkostsalat mit den Käsebällchen anrichten. Dazu passt dunkles Brot oder Kartoffelbrot.

Zwergenbrotzeit

Für 1 Baby und 2 Erwachsene

2 Tomaten · 1 kleine Gewürzgurke
100 g Sahnequark · Salz
150 g Leberkäse · 1 TL Öl
1 Ei · ca. 1 EL Butter · $^{1}/_{4}$ Salatgurke
10 Mini-Brötchen oder $^{1}/_{2}$ Vollkornbrot

1. Die Tomaten überbrühen, häuten, vierteln und entkernen, das Fruchtfleisch in kleine Würfel schneiden. Die Gewürzgurke fein hacken und mit dem Quark, den Tomaten und 1 Prise Salz verrühren.

2. Aus dem Leberkäse nach Belieben Blumen ausstechen. Das Öl in einer Pfanne erhitzen und den Leberkäse darin auf beiden Seiten braten und warm halten.

3. Das Ei verquirlen. Die Butter in einer beschichteten Pfanne zerlassen, das Ei hineingeben, leicht stocken lassen und unter Rühren zu einem lockeren Rührei braten.

4. Die Gurke schälen und in feine Scheiben schneiden. Die Brötchen aufschneiden, dünn mit Butter bestreichen und mit den Gurkenscheiben belegen.

5. Quark, Leberkäse und Brötchen auf Holzbrettchen anrichten, nach Belieben kleine Käse (z. B. Mini-Bonbel) und Gurken-Sticks dazu servieren. Besonders dekorativ sieht es aus, wenn man anstelle des Rühreis kleine Wachtelspiegeleier auf die Leberkäseblumen setzt.

Reisnudelsuppe mit Huhn und Gemüse

Für 1 Baby und 2 Erwachsene

1 Suppenhuhn (ca. 1 kg)
1 Bund Suppengemüse · 2 Limettenblätter
1 Stange Zitronengras
400 g klein geschnittenes Gemüse
(z. B. Frühlingszwiebeln, Möhren, Sellerie, Brokkoli)
200 g Reisnudeln · 1/2 Bund Koriander

1. Das Huhn innen und außen gründlich waschen und trockentupfen. Das Suppengemüse schälen bzw. waschen, die Limettenblätter und das Zitronengras waschen und trockentupfen. Das Huhn mit dem Suppengemüse, den Limettenblättern, dem Zitronengras und 1 Prise Salz in einen großen Topf geben und mit Wasser bedecken.

2. Das Huhn zugedeckt bei schwacher Hitze 1 Stunde köcheln lassen. Dann herausnehmen und das Fleisch von den Knochen lösen. Die Brühe durch ein Sieb zurück in den Topf gießen und das klein geschnittene Gemüse darin weich garen.

3. Die Reisnudeln mit heißem Wasser übergießen und nach Packungsanweisung quellen lassen. In ein Sieb abgießen, abtropfen lassen und klein schneiden. Den Koriander waschen und trockenschütteln, die Blätter abzupfen und fein hacken.

4. Das Hühnerfleisch und die Reisnudeln in die Suppe geben und kurz darin erwärmen. Zum Schluss den Koriander dazugeben.

Kürbiscremesuppe mit Kartoffeln und Papaya

Für 1 Baby und 2 Erwachsene

450 g Kürbis (Butternuss oder Hokkaido)
120 g mehlig kochende Kartoffeln
400 ml Geflügelbrühe · 200 ml Kokosmilch
Ingwerpulver · Salz · 250 g Papaya
1 EL Erdnussbutter · 1 EL gehackte Erdnüsse
kleine Zimtreiswaffeln

1. Den Kürbis schälen und entkernen, die Kartoffeln schälen. Beides in kleine Würfel schneiden.

2. Die Brühe mit der Kokosmilch aufkochen, die Kürbis- und Kartoffelwürfel hinzufügen. Mit je 1 Prise Ingwer und Salz abschmecken und zugedeckt bei schwacher Hitze etwa 20 Minuten köcheln lassen.

3. Die Papaya schälen, entkernen und in kleine Würfel schneiden. Die Papayawürfel mit der Erdnussbutter unter die Suppe rühren und die Kürbissuppe nach Belieben mehr oder weniger fein pürieren.

4. Die Kürbissuppe auf Schälchen verteilen und mit den gehackten Nüssen bestreuen. Die Reiswaffeln dazu servieren.

Kartoffelsuppe mit Kraken-Würstchen und Croûtons

Für 1 Baby und 2 Erwachsene

500 g mehlig kochende Kartoffeln
1 Bund Suppengemüse
50 g geräucherter Speck
3 TL Butter · 1/2 l Gemüsebrühe
200 ml Milch · 100 g Schmand
1/2 Bund Petersilie (gehackt) · Salz
2–3 Scheiben Vollkorntoast
5 Wiener Würstchen · 1 EL Öl

1. Die Kartoffeln schälen und klein schneiden. Das Suppengemüse schälen bzw. waschen und ebenfalls klein schneiden. Den Speck in kleine Würfel schneiden. In einem Topf 2 TL Butter zerlassen und das Suppengemüse und den Speck darin anbraten.

2. Die Kartoffelstücke hinzufügen, die Brühe und die Milch dazugießen. Die Suppe zugedeckt bei schwacher Hitze etwa 20 Minuten köcheln lassen. Die Suppe mit dem Stabmixer fein pürieren. Den Schmand und die Petersilie unterrühren und die Suppe mit Salz abschmecken.

3. Das Toastbrot in Würfel schneiden. Die restliche Butter in einer Pfanne zerlassen und die Brotwürfel darin knusprig braten.

4. Die Würstchen in 6 cm lange Stücke und dann an beiden Enden bis fast zur Mitte kreuzförmig einschneiden. Die Würstchen im heißen Öl braten, bis sie sich kringeln. Die Kartoffelsuppe mit den Kraken-Würstchen und den Croûtons anrichten.

Kinderschnitzel mit Kartoffelsalat

Für 1 Baby und 2 Erwachsene

500 g kleine vorwiegend fest kochende Kartoffeln
Salz · 1 kleine weiße Zwiebel · 1 TL Butter
200 ml Geflügelbrühe · 1 TL Honig
1 TL Senf · 1 TL Weißweinessig
1/2 Salatgurke · 40 g Leinsamen
200 g Jagdwurst, Lyoner oder Kalbsfleischwurst
2 EL Mehl · 2 Eier · 150 g Semmelbrösel
Butterschmalz zum Braten

1. Die Kartoffeln schälen, in kochendem Salzwasser garen, abgießen und noch warm in Scheiben schneiden.

2. Die Zwiebel schälen und fein hacken. Die Butter zerlassen und die Zwiebel darin andünsten. Mit der Brühe ablöschen, Honig, Senf und Essig unterrühren. Die Marinade über die Kartoffelscheiben gießen und etwa 20 Minuten ziehen lassen.

3. Die Gurke schälen und in feine Scheiben schneiden. Mit den Leinsamen unter den Kartoffelsalat mischen.

4. Die Wurst in 1/2 cm dicke Scheiben schneiden. Die Wurstscheiben zuerst im Mehl, dann in den verquirlten Eiern und zuletzt in den Semmelbröseln wenden. Das Butterschmalz in einer Pfanne zerlassen und die Wurstscheiben darin portionsweise auf beiden Seiten goldbraun braten. Die Kinderschnitzel mit dem Kartoffelsalat anrichten und nach Belieben geraspelte Möhren dazu servieren.

Mandelmilch mit Mango und Zimt

Für ca. 400 ml • ab dem 13. Monat

100 g Mango · 300 ml fettarme Milch
2 EL gemahlene Mandeln · Zimtpulver

1. Das Mangofruchtfleisch klein schneiden und mit der Milch, den Mandeln und 1 Prise Zimt aufkochen.

2. Die Mandelmilch 10 Minuten ziehen lassen, dann mit dem Stabmixer fein pürieren und durch ein feines Sieb streichen.

Tipp: Wenn man noch 1 Prise Kreuzkümmel dazugibt, kann das den Appetit anregen.

Joghurt-Himbeer-Milch

Für ca. 400 ml • ab dem 13. Monat

80 g Himbeeren · 200 ml fettarme Milch
100 g Joghurt · 1 EL Hafer-Schmelzflocken

1. Die Himbeeren verlesen, waschen und trockentupfen. Die Milch bei schwacher Hitze erwärmen.

2. Den Joghurt (er sollte Zimmertemperatur haben) und die Flocken unterrühren. Zuletzt die Himbeeren zur Milch geben und alles mit dem Stabmixer fein pürieren.

Tipp: Sie können statt der Himbeeren auch Banane mit pürieren und den Joghurt durch Buttermilch ersetzen.

Sojamilch mit Banane und Erdbeeren

Für ca. 400 ml • ab dem 13. Monat

80 g Erdbeeren · 1 kleine Banane
$^1/_4$ l Sojamilch · 1 EL Rapsöl
1 EL Siebenkorn-Schmelzflocken

1. Die Erdbeeren putzen, waschen und klein schneiden. Die Banane schälen und ebenfalls klein schneiden.

2. Die Sojamilch aufkochen, die Erdbeeren darin bei schwacher Hitze kurz köcheln lassen. Die Banane mit dem Öl und den Flocken dazugeben. Alles mit dem Stabmixer fein pürieren und durch ein feines Sieb streichen.

Reismilch mit Apfel und Kokos

Für ca. 400 ml • ab dem 6. Monat

2 EL Reismehl · 1 EL Kokosflocken (fein gemahlen)
300 ml natriumarmes Mineralwasser
(ohne Kohlensäure) · 1 süßer Apfel · 1 EL Rapsöl

1. Das Reismehl und die Kokosflocken mit dem Mineralwasser aufkochen. Bei schwacher Hitze 15 Minuten köcheln lassen und durch ein feines Sieb streichen.

2. Den Apfel waschen, in grobe Schnitze schneiden, entkernen und in den Entsafter geben. Den Apfelsaft mit dem Öl unter die Reismilch rühren.

Aprikosen-Möhren-Saft

Für ca. 400 ml • ab dem 8. Monat

100 g Aprikosen · 100 ml natriumarmes Mineralwasser (ohne Kohlensäure)
Mark von $\frac{1}{4}$ Vanilleschote
200 ml frisch gepresster Möhrensaft · 1 TL Rapsöl

1. Die Aprikosen waschen, entsteinen und klein schneiden. Das Mineralwasser mit den Aprikosen und dem Vanillemark in einem Topf aufkochen und die Aprikosen bei schwacher Hitze weich garen.

2. Die Aprikosen mit dem Stabmixer fein pürieren und durch ein feines Sieb streichen. Den Möhrensaft und das Öl untermischen.

Melonen-Kirsch-Saft

Für ca. 400 ml • ab dem 11. Monat

250 g süße Kirschen · 250 g Honigmelone
100 ml natriumarmes Mineralwasser (ohne Kohlensäure) · 1 TL Rapsöl

1. Die Kirschen waschen und entsteinen. Die Melone schälen, entkernen und klein schneiden.

2. Die Kirschen in dem Mineralwasser leicht erwärmen. Das Melonenfruchtfleisch und das Öl dazugeben, mit dem Stabmixer fein pürieren und durch ein feines Sieb streichen.

Birnen-Minze-Tee

Für ca. 400 ml • ab dem 6. Monat

$\frac{1}{4}$ TL Fenchelsamen · $\frac{1}{4}$ l natriumarmes Mineralwasser (ohne Kohlensäure)
4 Zweige Minze · 150 ml naturtrüber Birnensaft
1 TL Rapsöl · 3–4 EL Milch

1. Die Fenchelsamen mit dem Mineralwasser aufkochen. Vom Herd nehmen und zugedeckt 10 Minuten ziehen lassen.

2. Die Minze waschen und trockenschütteln, die Zweige in den letzten 2 Minuten zum Fencheltee geben. Den Tee durch ein Sieb gießen und mit dem Birnensaft, dem Öl und der Milch mischen.

Rooibushtee mit Holunder

Für ca. 400 ml • ab dem 13. Monat

350 ml natriumarmes Mineralwasser (ohne Kohlensäure) · 2 Beutel Rooibushtee
6 Holunderblütendolden (oder 1 EL Holunderblütensirup) · 50 ml Birnensaft

1. Das Mineralwasser aufkochen. Über die Teebeutel gießen und den Tee 3 bis 5 Minuten zugedeckt ziehen lassen.

2. Die Beutel entfernen und den Tee über die Blüten gießen. Den Birnensaft hinzufügen und den Tee über Nacht ziehen lassen (beim Sirup nicht nötig). Den Tee durch ein feines Teesieb gießen und nach Bedarf erwärmen.

Glossar

Allergie
ist eine Überempfindlichkeit des Immunsystems, die sich in Hautausschlägen, Neurodermitis, Verdauungsbeschwerden oder auch Asthma äußert. Die Auslöser (Allergene) sind zum Beispiel Substanzen, die körperfremdes Eiweiß enthalten (Hühnerei, Kuhmilch, Soja, Fisch oder Nüsse).

Antibiotika
sind bakterientötende Medikamente, die gegebenenfalls der stillenden Mutter bei Brustentzündung verordnet werden. In der Regel kann die Mutter ihr Baby nach Absprache mit dem Arzt dennoch weiterstillen.

Bioprodukte
sind Lebensmittel, die aus kontrolliert-biologischem Landbau stammen, d.h., dass Tiere artgerecht gehalten werden und auf die Anwendung von Dünge- und Pflanzenschutzmitteln weitgehend verzichtet wird. Bioprodukte besitzen oft mehr Nährstoffe als konventionelle Produkte. Seit 2002 gibt es neben den Warenzeichen der Bio-Anbauverbände ein bundesweit einheitliches Siegel für Bioprodukte nach der EU-Norm.

Darmflora
besteht aus verschiedenen Organismen wie Darmbakterien und -pilzen. Sie wehren Krankheitserreger ab, zersetzen unverdauliche Ballaststoffe und bilden bestimmte Vitamine. Eine Ernährung, die reich an Ballaststoffen und Milchprodukten ist, unterstützt eine gesunde Darmflora.

Fertigmilch
wird industriell hergestellt und ist ein Muttermilchersatz auf der Basis von Kuhmilchproteinen. Die so genannte Pre-Milch kann schon ab dem ersten Tag gefüttert werden, ebenso die 1-Milchnahrung, die neben Laktose weitere Kohlenhydrate enthält. Die 2-Milchnahrung ist eine Folgemilch und kann ab dem fünften Lebensmonat gegeben werden. Außerdem gibt es für allergiegefährdete Babys die so genannte hypoallergene (HA)-Nahrung sowie die Hydrolysatnahrung.

Fisch/Fleisch
sind wertvolle Eiweißlieferanten. Fisch enthält wenig Fett und viel Eiweiß. Seefisch ist wegen seines hohen Gehalts an Fluor, Jod und Omega-3-Fettsäuren für die Ernährung wertvoll. Fleisch ist in der Babyernährung als Eisenlieferant wichtig. Ab dem sechsten Monat kann dem Baby dreimal pro Woche 20 Gramm Fleisch (aus ökologischer Landwirtschaft) gefüttert werden, z.B. in einem Gemüse-Kartoffel-Fleisch-Brei.

Fluor
ist ein Spurenelement, das für die Stabilität der Knochen sorgt und den Zahnschmelz härtet. Fluoride finden sich vor allem Trinkwasser. Auch Zahnpasta enthält Fluor. Manche Kinderärzte raten zusätzlich zu Fluortabletten. Kommt es jedoch zu einer Überdosierung, bekommen die Zähne weiße Flecken oder verfärben sich braun. Im schlimmsten Fall wird sogar das Skelett geschädigt.

Functional Food
sind Lebensmittel, die durch zugesetzte Nährstoffe einen zusätzlichen gesundheitlichen Nutzen versprechen, wie zum Beispiel probiotische Joghurts oder mit Vitaminen und Mineralstoffen angereicherte Säfte. Kinderlebensmittel werben oft mit solchen Anreicherungen. Sie sind jedoch problematisch, da es zu wenig wissenschaftliche Daten über die Wirkungen der einzelnen Zusätze auf den Körper gibt.

Gluten
ist das Klebereiweiß, das sich in vielen Getreidesorten findet und das bei Unverträglichkeit die Darmschleimhaut schädigt. Babys sollten vor dem vierten Monat und als erste Beikost glutenfreies Getreide wie Reis, Hirse, Buchweizen und Mais bekommen.

Hyperaktivität
ist eine Verhaltensstörung bei Kindern und wird auch Aufmerksamkeits-Defizit-Syndrom (ADS) oder Zappelphilipp-Syndrom genannt. Die Kinder wirken überdreht, können nicht still sitzen, leiden unter Schlaf- und Konzentrationsstörungen. Man geht davon aus, dass bestimmte Areale im Hirn geschädigt sind, die vor allem für die Funktionen der Wahrnehmung, der Konzentration, des Gedächtnisses und zur Verarbeitung für die tägliche Flut von Sinneseindrücken verantwortlich sind. Zu den Auslösern gehören vermutlich Nahrungsmittelallergien, allergische Reaktionen auf Zucker, Phosphate, Farb- und Konservierungsstoffe sowie bestimmte Eiweißstoffe.

Immunsystem
ist das Abwehrsystem des Körpers, das schädliche Substanzen, Bakterien, Viren oder auch kranke Körperzellen ausschalten soll. Es lässt sich durch gezielte Ernährung und ausreichend Bewegung günstig beeinflussen. Geschwächt wird das Immunsystem durch Nährstoffmangel, Überernährung und Stress.

Jod
ist ein Spurenelement und Bestandteil der Schilddrüsenhormone, die wichtige Funktionen für den Kohlenhydrat-, Eiweiß- und Fettstoffwechsel haben. Sie regulieren das Wachstum und die körperliche Entwicklung. Jod kommt im Trinkwasser, in Seefischen und in Gebieten mit jodhaltigen Böden auch in Pflanzen vor. Deutschland gilt als Jodmangelgebiet. Zur Vorbeugung von Jodmangel sollte mit Jod angereichertes Kochsalz verwendet werden.

Laktoseintoleranz
ist eine Unverträglichkeit gegenüber Milchzucker, weil den Betroffenen das den Milchzucker abbauende Enzym Laktase fehlt. Symptome sind Blähungen, krampfartige Bauchschmerzen und Durchfälle. Sauermilchprodukte (Joghurt, Quark und Kefir) werden oft gut vertragen, weil die darin enthaltenen Milchsäurebakterien den Milchzucker abbauen. Milchzucker steckt in vielen Lebensmitteln als Zusatzstoff, zum Beispiel in Wurst, Keksen oder Tabletten.

Neurodermitis
ist eine entzündliche Hauterkrankung, die meist chronisch ist. Als Ursachen gelten neben einer erblichen Veranlagung Nahrungsmittelallergien, Lebensmittelzusatzstoffe oder auch psychische Faktoren. Häufig kann eine Ernährung ohne Milch- und Hühnereiweiß, Zucker, Nüsse, Fische und Weißmehl die Beschwerden bessern.

Nitrat
wird im Körper in das giftige Nitrit umgewandelt, das die Sauerstoffbindung im Blut behindert oder auch in die krebserregenden Nitrosamine verwandelt wird. Durch nitrathaltige Düngemittel in der Landwirtschaft steigt der Gehalt der von Natur aus nitrathaltigen Blattgemüse wie Spinat, Grünkohl, Wirsing, Rote Bete und Fenchel weiter an. Das Gemüse darf nicht wieder aufgewärmt werden, da sich der Nitratgehalt dadurch weiter erhöht. Für die Babyernährung sollte nur nitratarmes Biogemüse verwendet werden.

Probiotika
sind Lebensmittel, denen Milchsäurebakterien zugesetzt wurden. Sie sollen sich im Darm ansiedeln, die Darmflora stärken und krank machende Keime im Darm verdrängen. Voraussetzung dafür ist der tägliche Verzehr von Probiotika, da die Keime nur kurz im Darm bleiben. Die Wirkung von Probiotika ist umstritten, einige Mediziner raten bei Kindern davon ab.

Sojaeiweiß
wird aus Sojabohnen gewonnen. Sie haben einen hohen Gehalt an Vitaminen und Mineralstoffen. Sojaeiweiß ist die Grundlage von Sojamilch, Tofu oder Fleischersatzprodukten. Soja wird von vielen Kuhmilchallergikern gut vertragen. Manche wiederum reagieren allergisch auf dieses Pflanzeneiweiß.

Spurenelemente
sind Mineralstoffe, die im Körper nur in allerkleinsten Mengen vorhanden sind. Dazu zählen beispielsweise Eisen, Jod oder Fluor.

Vegetarische Ernährung
verzichtet ganz auf Fleisch- und Wurstprodukte in jeder Form. Während die vegane Ernährung keinerlei tierische Produkte zulässt, werden in der vegetarischen Ernährung Milchprodukte und Eier verzehrt.

Zöliakie
ist eine chronische Erkrankung des Dünndarms, die auf einer Unverträglichkeit gegen das Klebereiweiß (Gluten) vieler Getreidesorten beruht. Die Darmschleimhaut wird nach dem Kontakt mit Gluten beschädigt, sodass Nährstoffe nicht mehr ausreichend aufgenommen werden können.

Zusatzstoffe
sind Stoffe wie zum Beispiel Aromastoffe, die den Geschmack industriell gefertigter Lebensmittel verbessern sollen. Dazu zählen auch die Konservierungsstoffe, die verhindern, dass ein Lebensmittel schnell verdirbt, sowie die Farbstoffe, die Nahrungsmittel appetitlicher und dekorativer erscheinen lassen.

Sachregister

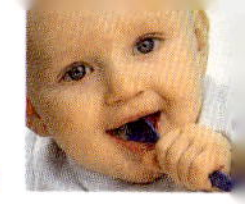

Rezeptregister

Bildnachweis

Umschlag, vorne: ELTERN/S. Reinichs
Umschlag, hinten: FoodPhotography Eising/Martina Görlach (links, rechts), Picture Press/ELTERN/Julia Krüger (Mitte)

Rezeptfotos: FoodPhotography Eising/Martina Görlach; Foodstyling: Michael Koch

Innenteil: Corbis/Ariel Scelley S. 4 unten, 36; Fotosearch/BananaStock S. 6, 42, 45; Fotosearch/Brand X Pictures S. 63; Fotosearch/Image 100 S. 37; Fotosearch/Image ideas S. 60; Getty Images/Jeff Cadge S. 56–67 (Vignette); Getty Images/Thierry Dosogne S. 46; Getty Images/E. Dygas S. 21; Getty Images/Niki Mareschal S. 36–55 (Vignette); Getty Images/Laurence Monneret S. 64; Getty Images/Rayon S. 28; Getty Images/Stockdisc S. 22; Getty Images/Ross Whitaker S. 56; IFA Bilderteam/DIAF/SDP S. 49; IFA Bilderteam/int. stock S. 23; IFA Bilderteam/IPS S. 19 unten; Mauritius Images/Caroline S. 10; Mauritius Images/Doc Max S. 66; Mauritius Images/Nonstock S. 11; Dr. Kai-Uwe Nielsen S. 4–7 (Vignette), 130–135 (Vignette); Picture Press/Olaf Ballnus S. 51; Picture Press/CAMERA PRESS/Ian Boddy S. 22–35 (Vignette), 26, 33; Picture Press/Gozzano S. 4 oben, 8–9, 19 oben; Picture Press/ELTERN/Julia Krüger S. 59; Picture Press/ETERN/Constanze Wild S. 16; Picture Press/ELTERN/Patrick Wittmann S. 57; Picture Press/Marina Raith S. 10–21 (Vignette), 13; StockFood/Klaus Arras S. 24; StockFood/Heather Brown S. 55 rechts oben; StockFood/Foodcollection S. 52 rechts oben, 53 links unten; StockFood/FoodPhotography Eising S. 27, 34, 35, 38, 39, 70, 71; StockFood/Molly Hunter S. 40; StockFood/FoodFoto Köln S. 72–83 (Vignette); StockFood/Kröger/Gross S. 54 links unten; StockFood/David Loftus S. 41, 84–129 (Vignette); StockFood/Peter Rees S. 52 links unten; StockFood/Jörn Rynio S. 31; StockFood/Studio R. Schmitz S. 53 rechts; StockFood/Teubner Foodfotografie S. 54 rechts oben; StockFood/Martina Urban S. 55 links unten